Grundlagen der Berufs- und Erwachsenenbildung
Herausgegeben von Prof. Dr. Rolf Arnold

Band 9

Management und Weiterbildung

Führen und Lernen in Organisationen

von

Klaus Götz

Schneider Verlag Hohengehren

Grundlagen der Berufs- und Erwachsenenbildung
Herausgegeben von Rolf Arnold

Gedruckt auf umweltfreundlichem Papier (chlor- und säurefrei hergestellt).

Die Deutsche Bibliothek – CIP-Einheitsaufnahme

Götz, Klaus:
Management und Weiterbildung : führen und lernen in Organisationen / von Klaus Götz. –
Baltmannsweiler : Schneider-Verl. Hohengehren, 1997
(Grundlagen der Berufs- und Erwachsenenbildung ; Bd. 9)
ISBN 3-87116-763-0

Printed in Germany – Druck: Wilhelm Jungmann Göppingen

Für Anna und Judith

Vorwort des Herausgebers

Das hier von Klaus Götz vorgelegte Buch zum Thema „Management und Weiterbildung" verfolgt einen in mehrfacher Hinsicht bemerkenswerten Neuansatz zum Thema Management und Leadership in der betrieblichen Weiterbildung. Zu erwähnen sind insbesondere die irritierend-verfremdenden Zugänge sowie die kreative Schreibtechnik, mit denen es Götz gelingt, Vertrautes neu fragwürdig werden zu lassen, wodurch die Voraussetzung für eine Neukonzeptionierung betrieblichen Lernens und betrieblicher Führung erst überhaupt geschaffen wird.

Die entscheidende Botschaft von Götz ist die Verbindung von Führen und Lernen. Die Führungskraft stellt sich als Initiierer, Arrangeur und Begleiter von Lernprozessen dar, Führen wird so zu einem wesentlichen Element organisationalen Lernens. Götz bestimmt die Rolle des Führers eindeutig systemisch als „›Rahmen- und Prozessgestalter‹, der organisationale Kontexte für (teil-)autonome Akteure zu kultivieren sucht" (S. 26f.).

Ein entsprechendes, weniger leiterzentriertes Konzept von Führung und betrieblichem Lernen wird von Götz in Grundlinien entfaltet. Dabei entsteht ein Bild, welches der betrieblichen Bildungsarbeit und dabei insbesondere der betrieblichen Weiterbildung eine neue Funktion zuweist. Diese ist nicht mehr Bestandteil einer eskalierenden Qualifizierungsspirale („höher", „weiter", usw.), sondern Ausdruck einer auf Selbstorganisation setzenden Organisationsentwicklung. Ihr kommt die Aufgabe zu, die eigenen Kräfte der Mitarbeiter zu entwickeln, für Erprobungen Raum zu geben und Selbständigkeit vorzubereiten.

Das vorliegende Buch stellt eine überarbeitete und erweiterte Fassung eines Studienbriefs dar, der zunächst vom Verfasser für das Fernstudium Erwachsenenbildung an der Universität Kaiserslautern entwickelt wurde und auch heute noch in diesem Studium eingesetzt wird. In der vorliegenden Form sollen die Ausarbeitungen von K. Götz einem breiteren Kreis der interessierten Fachöffentlichkeit zugänglich gemacht werden.

Prof. Dr. Rolf Arnold Kaiserslautern, im Juli 1997

Inhaltsverzeichnis

Einführung

A. Führung

B. Vom Nutzen betrieblicher Weiterbildung

C. Systemisches Management

D. Organisation und Selbstorganisation des Lernens

E. Variationen *... über ein Thema von Betrieben – „Bildung“, „Personalentwicklung“, „Organisationsentwicklung“*

F. Ausblick *... über die Entwicklung der betrieblichen Bildung und die Aufgaben des Bildungsmanagements*

G. Zur Zukunft der Führung

Einführung

Einführung

„Einige Erziehungswissenschaftler schreiben Bücher für Praktiker – andere schreiben Bücher für Praktiker, die von diesen auch gelesen werden."

Ein Erziehungswissenschaftler

Tagung der Deutschen Gesellschaft für Erziehungswissenschaft (DGfE), 17.09.1994

Bildung und Management (Bildungsmanagement) erfahren offenbar erst in neuerer Zeit eine engere Annäherung. Bereits 1974 ist im Handbuch der Erziehungswissenschaft dazu von Klaus Senzky eine Abhandlung zum „Management der Erwachsenenbildung" erschienen, der eigentlich nichts mehr hinzuzufügen wäre, wenn man davon ausginge, dass gesellschaftliche, soziale und ökonomische Entwicklungen nicht in dem Maße fundamentalen Wandlungsprozessen ausgesetzt wären, wie dies seit dem Ende der 80er Jahre der Fall war.

Wandel erfordert Lernen – Lernen durch Veränderungsprozesse, die beim Leiten und Führen betrieblicher Bildungseinrichtungen unerlässlich sind. Lernen ist zugleich Bedingung und Möglichkeit von Veränderung. In der Natur können wir beobachten, dass sie sich immer wieder neuen Umweltbedingungen anpasst. Biologische Organismen haben in der Regel die Fähigkeit, sich aus sich selbst heraus zu erneuern, sich genetisch zu verändern und damit zu überleben.

Betriebliche Bildungswesen sind keine biologischen Organismen, aber sie sind soziale Organisationen, die von Menschen gemacht und getragen werden. Die Menschen bestimmen damit, ob und wie ein Unternehmen sich wandelt und entwickelt. Menschen haben die Fähigkeit, sich im Laufe ihres Lebens durch Lernen nicht nur an verschiedenste Umstände anzupassen, sondern neue Bedingungen zu schaffen. Deswegen hängt das Überleben des Unternehmens „Bildung" von der Lernfähigkeit und Lernwilligkeit seiner Mitarbeiter(innen) ab. Lernen ist damit eine Bedingung für das Gelingen von Bildung.

Das Buch hat zum Ziel:

1. die Problematik „klassischer" Führungstheorien hinsichtlich der Anforderungen an das moderne (Bildungs-)management anhand ausgewählter Indikatoren zu verdeutlichen,
2. den Wandel in den Führungstheorien und die Gründe hierfür darzustellen und zu beurteilen,
3. die Unterschiede zwischen Management und Leadership herauszuarbeiten,
4. den Nutzen von Bildung zu reflektieren,
5. das Modell des systemischen Managements und die daraus ableitbaren Gestaltungskonsequenzen für die Arbeit mit Führungskräften kennenzulernen und grundlegende Erklärungsansätze systemorientierten Managements zu reflektieren,
6. verschiedene Konzepte der didaktischen Organisation und Selbstorganisation von Lernen zu beschreiben und zu beurteilen,

7. die konkreten Basiselemente von betrieblicher Bildung, Personalentwicklung und Organisationsentwicklung überblicksweise darzustellen,
8. marktwirtschaftlich orientiertes Bildungsmanagement zu beschreiben und auf seine Übereinstimmung mit Geschäftsfeldern für Bildung hin zu analysieren,
9. allgemeine Strukturmerkmale von Bildungsmanagement zu charakterisieren, deren Beziehungen zu verdeutlichen und
10. die Dienstleistungsperspektive des modernen Bildungsmanagements zu beschreiben und Vorteile und Nachteile zu beurteilen.

Ziel der Abhandlung ist nicht die Erstellung eines Handbuchs zur Führung von betrieblichen Bildungseinrichtungen, sondern die ***Entwicklung eines Diskussions- und Lernpfades zum Management von Wandel und Veränderung durch Bildung***. Betriebliche Bildung kann dabei die Funktion eines Unternehmens im Unternehmen (Entrepreneur) haben. Es sollen deshalb nicht zum wiederholten Male Führungsinstrumente aneinandergereiht werden (siehe dazu die Verweise im Literaturverzeichnis). Der Fokus liegt vielmehr in der Anregung von Ideen und Visionen für die Gestaltung einer zukünftigen betrieblichen Bildungslandschaft.

Management und Weiterbildung im Betrieb versuchen Beiträge zur Personal- und Organisationsentwicklung in lernenden Organisationen zu leisten. Ziele sind dabei die Beiträge zur Kundenzufriedenheit, zur Mitarbeiterzufriedenheit und zur weiteren Entwicklung des Unternehmens.

Dieser einleitend genannte Gedankengang bildet gleichzeitig den Hintergrund für die Erkenntnisinteressen des vorliegenden Bandes. Für die Mitarbeit an dem Buch danke ich Herrn Heiko Hilse ganz herzlich.

Erste Verwirrung

Führung, Hierarchien und Organigramme

Organigramm einer Organisation im Hier und Jetzt „Classic“

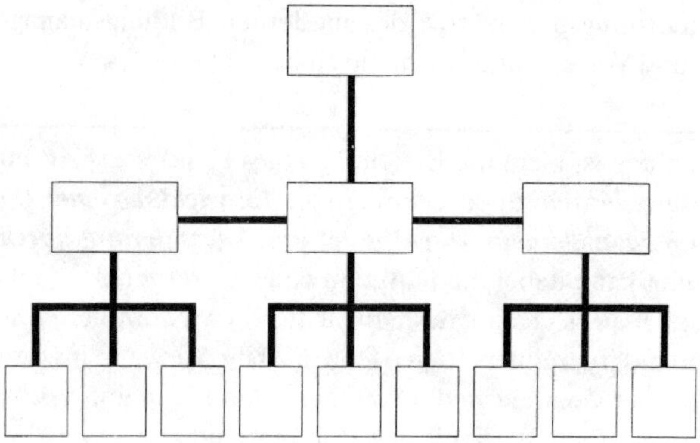

„Quadratisch, praktisch, gut!“

Organigramm einer Organisation à la St. Gallen „Elegance“

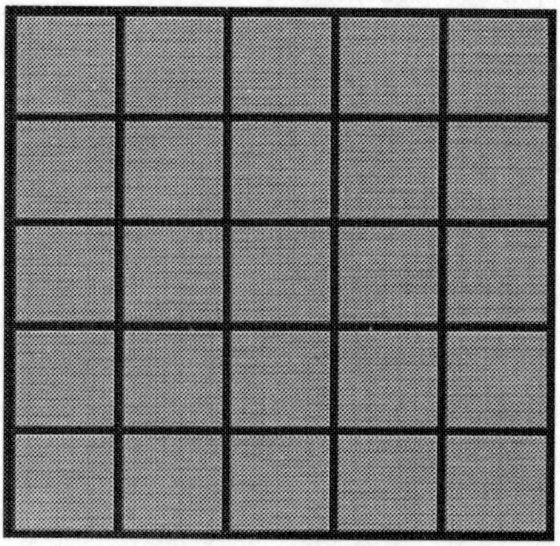

„Systemisch, vernetzt, ganzheitlich“

Organigramm einer Organisation als Schneckenhausstruktur „Sport“

„Die Entdeckung der Langsamkeit“

Organigramm einer Organisation im Atomzeitalter „Avantgarde“

✂✌●♌♏□♦ ☜♓■⬩♦♏♓■✂

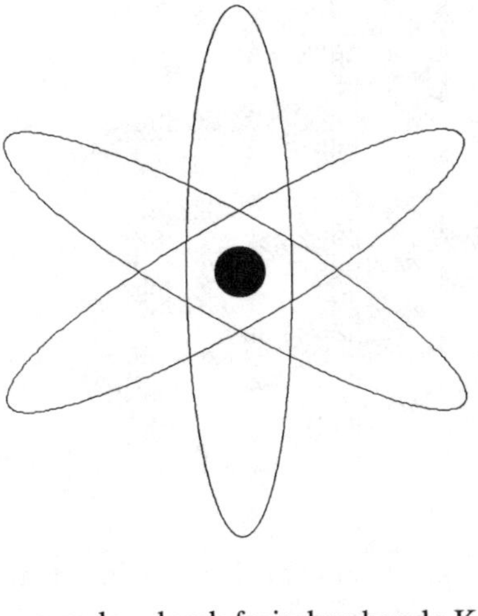

„Starke innere Kerne werden durch freischwebende Künstler stabilisiert“

Zweite Verwirrung

Das magische Auge der Hierarchie

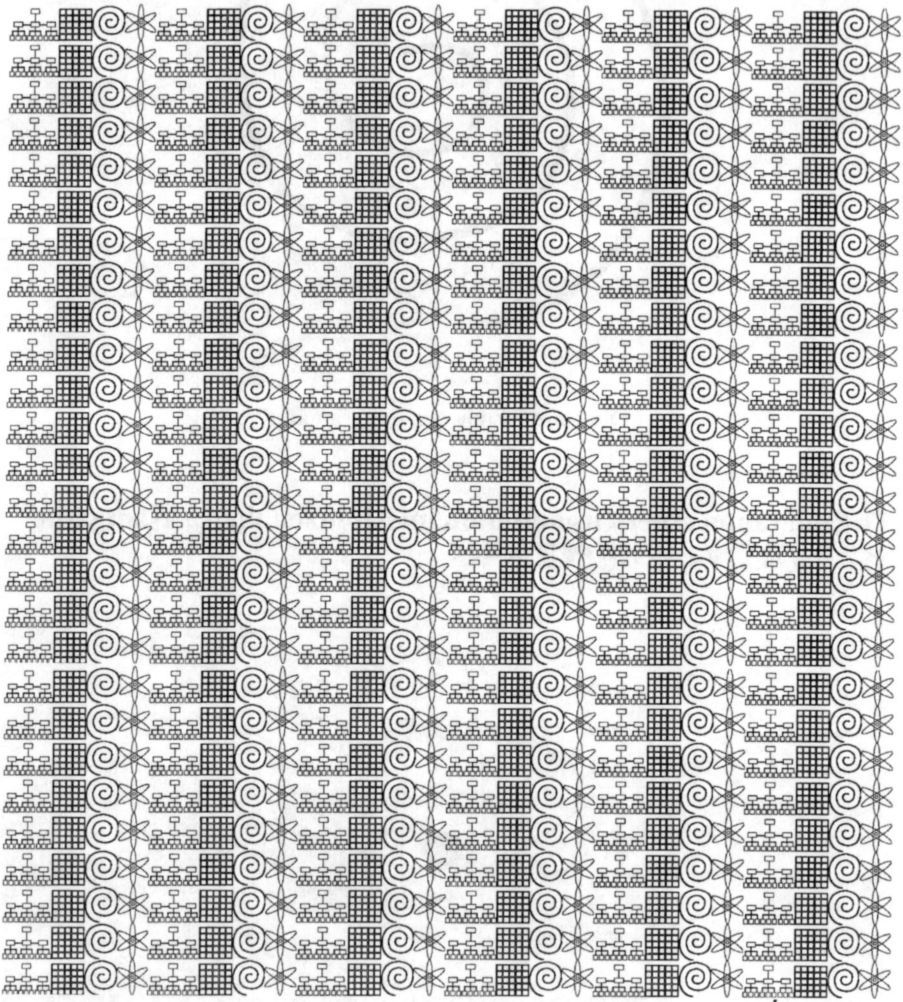

„Wenn man durchblickt, ist nichts dahinter“

Dritte Verwirrung

Hänsel und Gretel treffen die betriebliche Weiterbildung

Wenden wir uns nun dem Märchen zu, und versuchen wir hier den Bezug zur Weiterbildung herzustellen. Um deutlich zu machen, wie existentielle Themen ähnliche Strukturen aufweisen, versuche ich mit der „Einstreutechnik" zu arbeiten. Grundlage ist dabei ein Text von Rolf Arnold. Den Text von Arnold (1991) „Betriebliche Weiterbildung" streuen wir unter Anwendung der aus der klinischen Hypnose bekannten Technik in Hänsel und Gretel ein.

Bitte lesen Sie die Texte langsam und versuchen Sie sich dabei zu entspannen.

Vor einem großen Walde wohnte ein armer Holzhacker mit seiner Frau und seinen zwei Kindern; das Bübchen hieß Hänsel und das Mädchen Gretel. Er hatte wenig zu beißen und zu brechen, und einmal, als große Teuerung in das Land kam, konnte er auch das täglich Brot nicht mehr schaffen.

Die Zielsetzung ist vielmehr eine konzeptionelle, d. h., es geht darum, den traditionell selektiven Blick der Erwachsenenbildung zu „weiten". ... d. h. ... die traditionelle Erwachsenenbildung dazu zu bewegen, das, was sich in der betrieblichen Weiterbildung (in Ansätzen aber nicht nur!) „tut", ernstzunehmen und zu prüfen, was davon auch außerhalb des Beruflichen, Betrieblichen übertragbar ist, ganz abgesehen von der Frage, ob es das Berufliche und das Betriebliche als qualitative lebensweltliche Differenzerfahrung nicht zunehmend weniger gibt. (S. 11)

Sie [Hänsel und Gretel, Anm. d. Verf.] gingen die ganze Nacht und noch einen Tag von Morgen bis Abend, aber sie kamen aus dem Wald nicht heraus und waren so hungrig; denn sie hatten nichts als ein paar Beeren, die auf der Erde standen. Und weil sie so müde waren, daß die Beine sie nicht mehr tragen wollten, so legten sie sich unter einen Baum und schliefen ein.

Um zu einer adäquateren theoretischen Konzeptualisierung betrieblicher Weiterbildung zu gelangen, ist deshalb nicht nur eine wesentlich stärkere Auseinandersetzung mit dem erforderlich, was tatsächlich gedacht und empfohlen wird in den neueren betriebswirtschaftlichen Modellen; erforderlich ist vielmehr auch ein erweitertes Paradigma der Wirklichkeitsabbildung i. S. eines „nachszientistischen Wissenschaftsverständnisses" ... (S. 14)

Nun war's schon der dritte Morgen, daß sie ihres Vaters Haus verlassen hatten. Sie fingen wieder an zu gehen, aber sie gerieten immer tiefer in den Wald, und wenn nicht bald Hilfe kam, so mußten sie verschmachten.

Dieses ist in der Betriebswirtschaftslehre, den neueren Führungs- und Organisationsentwicklungstheorien, aber auch in den Konzepten der Selbstorganisation und des betrieblichen Lernens „im Entstehen". Der dabei feststellbare erkenntnistheoretische Tiefgang verweist auf eine völlige Hinterfragung konkretistischer Abbild- und Gestaltungsparadigmen. (S. 14–15)

Als es Mittag war, sahen sie ein schönes schneeweißes Vöglein auf einem Ast sitzen, das sang so schön, daß sie stehen blieben und ihm zuhörten. Und als es fertig war, schwang es seine Flügel und flog vor ihnen her, und sie gingen ihm nach, bis sie zu einem Häuschen gelangten, auf dessen Dach es sich setzte, und als sie ganz nah herankamen, so sahen sie, daß das Häuslein aus Brot gebaut war und mit Kuchen gedeckt; aber die Fenster waren von hellem Zucker.

Aus diesen Hintergrundtheorien zur betrieblichen Weiterbildung könnte somit ein erwachsenenpädagogischer Theorieansatz entstehen, den ich hier als Programm nur zu fordern vermag, dessen Ausarbeitung aber ganz sicherlich lohnen dürfte: der Ansatz einer konstruktivistisch-systemischen Erwachsenenbildungstheorie als einer Theorie des Lernens und der Identitätsarbeit Erwachsener in systemischen Bezügen, von denen einer die betriebliche Lebenswelt ist. (S. 15)

Da rief eine feine Stimme aus der Stube heraus: „knusper knusper kneischen, wer knuspert an meinem Häuschen?" Die Kinder antworteten: „der Wind, der Wind, das himmlische Kind", und aßen weiter, ohne sich irre machen zu lassen.

Dabei wird die traditionelle Beschränkung der Pädagogik auf das einzelne Individuum überwunden und das (notwendige und tatsächliche) Lernen von Organisationen, welches mehr ist als die Summe ihrer individueller Lernprozesse, zum Ausgangspunkt einer erweiterten pädagogischen Theorie genommen. (S. 50)

Da gab ihr Gretel einen Stoß, daß sie weit hineinfuhr, machte die eiserne Tür zu und schob den Riegel vor. Hu! da fing sie an zu heulen, ganz grauselich; aber Gretel lief fort, und die gottlose Hexe musste elendiglich verbrennen.

Eine in diesem Zusammenahng interessante Frage ist, ob und in welcher Weise die traditionellen Erwachsenenbildungseinrichtungen ihr eigenes Organisationslernen gestalten und welches Konventionalitätsniveau ihre organisationelle Identität erreicht hat. Denn nicht nur in Betrieben kommt es darauf an, daß die Weiterbildungsverantwortlichen die Lernkultur, für deren Entwicklung sie eintreten, selbst sichtbar „Leben". An entsprechenden Lernanlässen herrscht auch in kirchlichen, gewerkschaftlichen u. a. Erwachsenenbildungseinrichtungen kein Mangel. (S. 85–86)

Da hatten alle Sorgen ein Ende, und sie lebten in lauter Freude zusammen.

Es bleibt somit zu klären, inwieweit die betriebliche Weiterbildung zukünftig wirklich in der Lage sein wird, die „einseitige Verwendungsorientierung" und die „deutliche Dominanz betrieblicher Interessen ... zu überwinden und sich in ihren Inhalts- und Methodenformen zu öffnen gegenüber den Lern-, Entwicklungs- und Partizipationsansprüchen aller Mitarbeiter. (S. 112)

A
Führung

A. Führung

1. Einleitung

Führen heißt im klassischen Verständnis, jemanden dazu anzuhalten, sich auf ein bestimmtes Ziel hinzuzubewegen; der Führungsprozess sollte dabei so gestaltet werden, dass er bei Mitarbeitern und Vorgesetzten zur Zufriedenheit führt. Führung wird dabei von betrieblichen Aspekten (Produkt- und Aufgabenstruktur, Freiheitsgrade, technologische Entwicklung, Abnahme fest vorgegebener Tätigkeitsabläufe und der Zunahme von Flexibilität, Mitdenken und Verantwortung) beeinflusst (vgl. Abbildung 1).

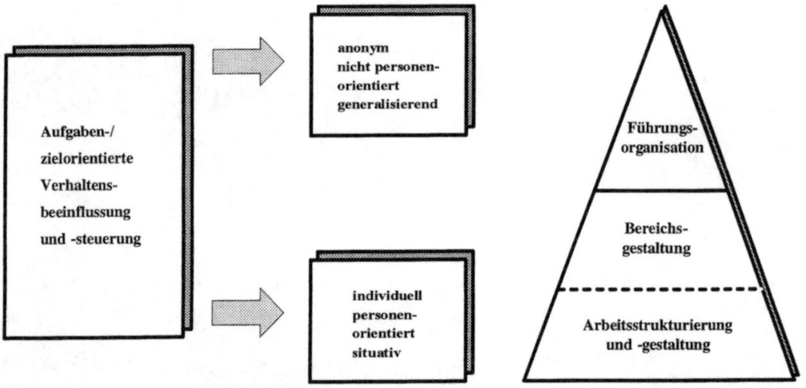

Abb. 1. Zum Zusammenhang von Führung und Organisation

Kennzeichen autoritärer Führungsstile sind dabei Anweisungen, Befehle, kein Einbeziehen der Mitarbeiter und patriarchalisches Verhalten. Kooperative Stile zeichnen sich aus durch das Grundprinzip der Delegation von Aufgaben und Verantwortung, des Einbeziehens der Betroffenen, zielorientierte Kompromissfähigkeit, bessere Entscheidungsqualität und höhere Identifikation der Mitarbeiter. Der Führungsprozess macht sowohl die Sach- als auch die Mitarbeiterorientierung notwendig. Die Mitarbeiter und Situationen verlangen ein differenziertes Führungsverhalten (situationsgerecht), eine wechselseitige Beeinflussung der Weiterentwicklung des Führungsverhaltens vom Vorgesetzten und Mitarbeiter und ein Verhältnis von „Distanz“ und „Nähe“.

Die Begriffe „Führung“ und „Management“ sind in den Bereichen Politik, Wirtschaft und Gesellschaft in aller Munde. Zusammen mit verwandten Ausdrücken (wie z. B. Leitung, Steuerung, Macht, Herrschaft, Einfluss, usw.) werden sie von verschiedenen Personen zu verschiedenen Zeiten und Anlässen sehr unterschiedlich eingesetzt bzw. interpretiert. Der inflationäre Gebrauch dieser Begriffe und die Erfahrung, dass ihr sprachlicher Einsatz nicht selten zu Missverständnissen führt, zeigt, dass ihr Sinn- und Bedeutungsgehalt nicht für jedermann/-frau universell festgelegt ist. Nur wenn man sich der Aufgabe stellt, allgemeine (d. h. kontextungebundene) Definitionen und wechselseitige Abgrenzungen von „Führung“ und „Management“ aufzustellen bzw. vorzunehmen, offenbart sich einem die Vielfalt im Denken und Wollen und in der Folge auch im Handeln, die sich hinter solchen Ausdrücken verbirgt. Eben dies soll in der vorliegenden Arbeit gewagt werden.

2. Zu den Begriffen

Führung bzw. Leadership

„Führung“ kann etymologisch auf die (germanische) Ausgangsbedeutung „in Bewegung setzen“ zurückgeführt werden. Neben dieser Akzentuierung einer *Aktionsverursachung* hat sich die Bedeutung von „Führung“ im Deutschen inzwischen so weiterentwickelt, dass insbesondere auch die *Bewegungssteuerung* miteingeschlossen wird.

Wo etwas in Bewegung gesetzt wird, braucht es ein Subjekt und ein Objekt dieser Handlung. Als Subjekt der Führung wurde lange Zeit und wird auch heute noch schwerpunktmäßig der *Führer* betrachtet. Als Objekte der Führung werden – je nach Betrachtungsebene – entweder die *Mitarbeiter* (Führung im engeren Sinne = „Mitarbeiter-/Personalführung“) oder die *Unternehmung* („Unternehmensführung“ = „Management“) gesehen.

Führung bedeutet

➪ Rahmenbedingungen so zu gestalten, dass sich Mitarbeiter- und Organisationspotentiale entfalten können.

Führung ist

➪ stetig zu reflektieren und immer wieder neu zu definieren.

Führung verlangt

➪ Sensibilität für schwache Signale, Entwicklungstrends zu akzeptieren, eine positive Zukunftseinstellung zu entwickeln, eine dauernde Lernbereitschaft zu zeigen, das Setzen auf Selbstverantwortung, Risikobereitschaft sowie Denken und Handeln in offenen und vernetzten Systemen.

Führung heißt

➪ Arbeitsprozesse zu begleiten, Reflexions- und Rückkoppelungsprozesse zu initiieren und auszuwerten, Neuorientierungen in den Handlungsfeldern der Führung zu ermöglichen.

„Leadership" – Führung im eigentlichen Sinne – setzt den Wandel im Unternehmen durch, um bei den laufenden Veränderungen des Umfelds wettbewerbsfähig zu bleiben. Ein Unternehmen führen heißt, die Richtung vorzugeben, den Mitarbeitern ein gemeinsames Ziel zu kommunizieren, zu motivieren und zu inspirieren. Die Voraussetzung dafür ist die Verbindung einer Zukunftsvision mit Strategien, um die Veränderungen zu erreichen. Leadership soll eine Führungskultur im Unternehmen schaffen, die Lernprozesse durch Herausforderungen in Gang setzt und Verantwortung nach unten delegiert.

Management

Im Gegensatz zu Leadership sorgt das Management für das Funktionieren der komplexen Unternehmensorganisation, insbesondere im Hinblick auf Schlüsselkriterien wie Qualität und Rentabilität. Die Instrumente des Managements sind Planung und Budgetierung mit einer entsprechenden Organisations- und Personalstruktur zur Durchführung und für Controlling-Aufgaben. Leadership und Management müssen sich ergänzen. Ein Unternehmen braucht beide Steuerungen, da sie spezifische Funktionen und charakteristische Vorgehensweisen haben, die nicht austauschbar sind.

Empowerment

Dieser Begriff kommt aus dem Amerikanischen und steht für radikale Dezentralisierung der Hierarchien durch die Ermächtigung des einzelnen Mitarbeiters und allgemeine Umverteilung von Befugnissen und Handlungsspielräumen im Betrieb. Der Mitarbeiter erhält die Rolle eines Unternehmers im Unternehmen (vgl. dazu Entrepreneur/Intrapreneur) mit allen Handlungsspielräumen, aber auch allen Verpflichtungen und Risiken. Die Firma wird zu einem wesentlichen Lebensinhalt. Nur der individuelle unternehmerische Erfolg garantiert das Überleben. „Wagen und gewinnen" heißt die Devise.

Empowerment wird in den USA erst von einer Minderheit von Firmen praktiziert. Der Grundgedanke von Empowerment transportiert einen Energieschub zur Veränderung der Unternehmenskultur. Wenn Mitarbeiter ihre Rolle als Mitdenker und Mitgestalter neu definieren, werden Hierarchien weitgehend überflüssig, und Kontrolle wird als Selbst- und nicht als Fremdkontrolle gelebt.

Entrepreneur

Nach Jean-Baptiste Say, einem französischen Wirtschaftswissenschaftler des 19. Jahrhunderts, ist ein Entrepreneur (franz. „Unternehmer“) jemand, der die Produktivität und den Umsatz eines Produkts oder einer Dienstleistung steigert. Voraussetzung dazu ist eine Wirtschaft, die sich vollkommen selbst reguliert und kaum Krisen kennt. Nach heutiger Auffassung ist ein Entrepreneur jemand, der neue Geschäftsfelder und Nischen für Produkte und Dienstleistungen findet. Es finden sich im Unternehmen die Entrepreneurs fast nur unter den Mitarbeitern, die den engsten Kontakt zu den Kunden haben, deren Wünsche am besten kennen und so notwendige Veränderungen am schnellsten umsetzen können.

Intrapreneur

Intrapreneurship bedeutet, unternehmerisch nicht nach außen, auf den Markt bezogen, tätig zu sein, sondern nach innen, in das Unternehmen hinein zu wirken. Dazu gehören die interne Kundenorientierung, das Null-Fehler-Ziel, die kontinuierliche Verbesserung und die konsequente Entscheidungsdelegation als Erfolgsfaktoren des Unternehmens im Unternehmen.

Commitment

Commitment bedeutet die Verpflichtung
- sich mit den Zielen des Unternehmens zu identifizieren,
- die eigene Rolle als Führungskraft zu definieren,
- im Sinne der Zielsetzung Verantwortung zu übernehmen und
- unternehmerisch zu denken und zu handeln.

3. Mitarbeiter-/Personalführung („Führung im engeren Sinne")

Führung auf der Mikroebene hebt ab auf die unmittelbaren oder mittelbaren Interaktionen und Wirkhandlungen, die sich zwischen Führer und Geführtem bei der Erledigung gemeinsamer Aufgaben vollziehen. „Führung" kann sich dabei auf eine Tätigkeit, ein Resultat sowie auf eine bestimmte Personengruppe beziehen.

Wunderer und Grunwald (1980) führen elf grundlegende, interdependente Merkmale von Führung auf (S. 56):

(1) Ziel-, Ergebnis- und Aufgabenorientierung
(2) Gruppenprozesse
(3) Rollendifferenzierung
(4) Einfluss
(5) Soziale Interaktion
(6) Wert- und Normbildung
(7) Persönlichkeitseigenschaften
(8) Konfliktprozesse
(9) Kommunikationsprozesse
(10) Entscheidungsprozesse
(11) Entwicklungsprozesse (zeitliche Dimension)

Sodann wird „Führung in Organisationen" als „zielorientierte soziale Einflussnahme zur Erfüllung gemeinsamer Aufgaben in/mit einer strukturierten Arbeitssituation" (S. 62) definiert. Während diese Rolle und Funktion früher ausschließlich dem Führer zugeschrieben worden ist, hat man mittlerweile erkannt, dass auch Einflussprozesse von den Geführten in Richtung des Führers stattfinden. Insofern muss man konsequenterweise sagen: Führungsergebnisse kommen grundsätzlich in einem Prozess wechselseitiger Beeinflussung zustande. Oder noch deutlicher: Jeder ist Führer und Geführter zugleich (vgl. auch den Ansatz selbstorganisierender sozialer Systeme in der Literatur zum systemischen Management).

In verschiedenen Arbeiten wurde eine Unterscheidung zwischen „Führung" (Leadership) und „Leitung" (Headship) getroffen (z. B. Bleicher 1971). Analog der traditionellen Trennung von informaler und formaler Organisation gilt hier der Führer als derjenige, der sich des „Humanproblems der Menschen-/Mitarbeiterbehandlung" annimmt, während der Leiter „primär organisatorische Sachprobleme übergeordneter Instanzen" (S. 58) behandelt (vgl. Abbildung 2). Bereits in der experimentellen Kleingruppenforschung (mit offiziell führerlosen Gruppen) war man ja auf die beiden Führungsfaktoren „Mitarbeiterorientierung" versus „Aufgabenorientierung" gestoßen, die nicht unbedingt von ein und derselben Person wahrgenommen werden müssen. Der formale Leiter stützt sich auf externe Machtquellen, der informale Führer hingegen auf die Anerkennung durch die Gruppenmitglieder. Oftmals werden die beiden Begriffe „Führung" und „Leitung" jedoch gleichbedeutend gebraucht und verstanden.

Originäre Führungsfunktionen		
Planung	Organisation	Personalführung
Sachaufgabe		

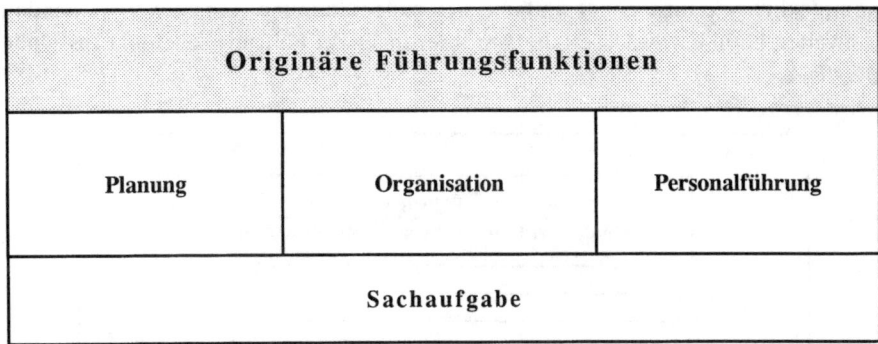

Abb. 2. Originäre Führungsfunktionen

Führung kennt keine linearen Erklärungs- und Handlungsmodelle, da Menschen nicht wie Maschinen funktionieren. Ziel des Handelns kann es deshalb nur sein, die eigene Wahrnehmung und Sensibilität für das eigene Handlungsspektrum zu schärfen. Es geht um:

- ➪ situationsadäquate Führung,
- ➪ die Erweiterung von Handlungsspektren,
- ➪ das „Managen lernen" durch das Managen des eigenen Lebens,
- ➪ die Schärfung der Einsicht, dass Personen sich selbst führen sollen, um anschließend zu lernen, sich führen zu lassen und
- ➪ die Umsetzung des Anspruchs an das Management, unternehmerisch zu denken und zu handeln.

4. Management („Unternehmensführung")

Management ist ein sehr globaler Begriff und geht über den eng gefassten Führungsbegriff weit hinaus. „Management" kann in vier Dimensionen unterteilt werden: Management ist eine Sammlung von spezifischen Funktionen (Management-Aufgaben), die mithilfe adäquater Techniken (Management-Techniken) von bestimmten Stellen des Systems (Management-Positionen) wahrgenommen werden, in denen die hierfür geeigneten Personen (Management-Personen) tätig sind.

Neben der reinen (Mitarbeiter-)Führung zählen auch Organisation, Planung, Entscheidung, Kontrolle, Motivation etc. zu den typischen Managementaufgaben (vgl. Abbildung 3). Management stellt sich von daher als ein fächerübergreifendes Unterfangen dar. Eine strikte Aufgabentrennung ist freilich nur zu analytischen Zwecken haltbar, denn in der Managementpraxis sind die einzelnen Gebiete zu (oftmals sehr komplexen) Problemlöse- und Entscheidungsaufgaben verwoben.

Aus systemischer Sicht (vgl. Ulrich & Probst 1988) lässt sich Management als „Führung (d. h. Gestaltung, Lenkung und Entwicklung) zweckgerichteter sozialer Systeme" (S. 232) definieren. Da soziale Systeme natürlicherweise schon durch hohe

Komplexität gekennzeichnet sind und sich zudem in immer komplexer werdenden Umwelten befinden, wachsen die Anforderungen an Führung scheinbar ins Unermessliche:

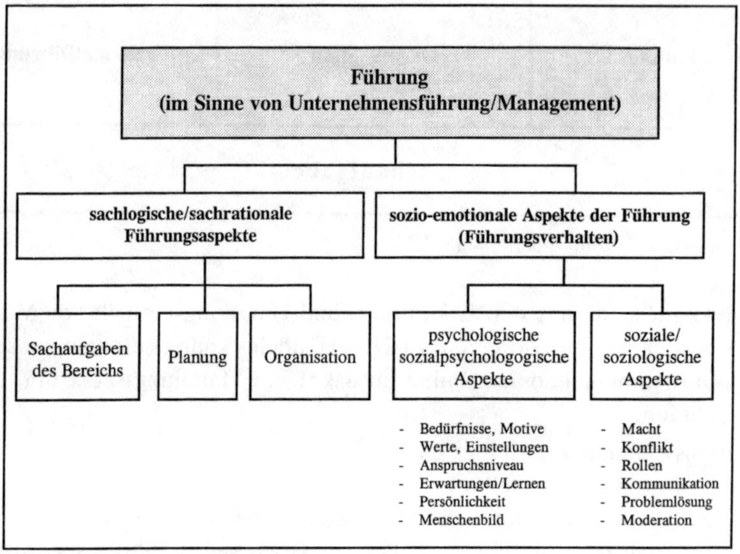

Abb. 3. Aspekte der Führungsfunktion

> Management kann man ... verstehen als das ständige Bemühen, ein sehr komplexes System unter Kontrolle zu bringen und zu halten, das durch ein hohes Maß an Probabilismus gekennzeichnet ist, dessen Elemente sich ständig verändern, sowohl bezüglich ihrer Zustände als auch, grundlegender, bezüglich ihrer Art und Zahl, und dessen Eigendynamik bewirkt, daß es nur schwer, und häufig mit unerwünschten Nebenwirkungen, beeinflußt werden kann. (Malik 1993, S. 51)

Unter Zuhilfenahme des Konzepts der selbstorganisierenden Organisation allerdings verändert sich die Vorstellung von Führung und damit auch die Verantwortlichkeit und Funktion der einzelnen Führungskraft radikal. Führung (als Ergebnis) ist das Zusammenwirken aller Beteiligten im Systemzusammenhang, das nurmehr durch indirekte Maßnahmen (Rahmenbedingungen, Organisationskultur, Human-Resource-Management, System-Umwelt-Szenarios usw.) beeinflusst werden kann (vgl. Probst 1987).

Malik (1993) umschreibt den systemisch-evolutionären Managementbegriff in Abhebung vom konstruktivistisch-technomorphen Management- bzw. Führungsbegriff folgendermaßen:

> Management ist Gestaltung und Lenkung ganzer Institutionen in ihrer Umwelt, ... ist Führung vieler, ... ist Aufgabe vieler, ... ist indirektes Einwirken, ... ist auf Steuerbarkeit ausgerichtet, ... hat nie ausreichende Information, ... hat das Ziel der Maximierung der Lebensfähigkeit. (S. 71)

5. Führungstheorien und ihre Entstehung

Im Rückblick über die letzten 100 Jahre haben sich die unterschiedlichsten Menschen aus den verschiedensten Bereichen Gedanken zum Thema „Führung" gemacht. Insbesondere zwischen Wissenschaftlern und Praktikern kam es zu einem teils befruchtenden, teils aber auch voneinander unabhängigen Wechselspiel in der Bemühung um diesbezügliche Beschreibungen, Erklärungen und Handlungsempfehlungen. Im Folgenden soll ein grober Abriss dieses Prozesses nachgezeichnet werden, der zum Ziel hat, die wechselseitigen Anstöße zwischen historisch-soziokultureller Entwicklung, jeweiliger Führungspraxis und Führungsideologie, wissenschaftlichem Paradigma und zugehöriger Führungstheorie zu rekonstruieren (vgl. Abbildung 4).

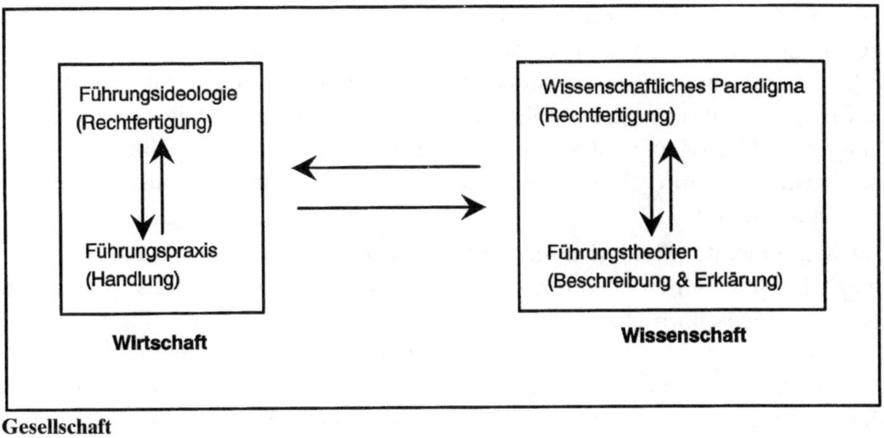

Abb. 4. Führungstheorien als Produkt verschiedener Systemeinflüsse/-interaktionen

Es sollte deutlich werden, dass auch Führungstheorien wie alles vom Menschen Erdachte und Erzeugte Kinder ihrer Zeit sind. Das bedeutet jedoch gerade nicht, dass sie plötzlich irgendwo und irgendwie auftauchen und alsbald ebenso schnell wieder verschwinden. Ihre Entstehung lässt sich herleiten von den Menschen, die sie entworfen haben, den Problemen, mit denen diese Menschen zu kämpfen hatten, und den Lösungen, die sie zu diesem Zwecke entwickelten.

Obwohl es im Fluss der nachfolgenden Darstellung so erscheinen mag, wurden einmal geborene Ideen zum Thema „Führung" nicht einfach von nachfolgenden Ideen abgelöst. Zum einen waren es häufig die bereits bestehenden Gedanken, aus denen die jeweils aktuellen erwuchsen – sei es in Form einer gedanklichen Fortführung oder aber durch kontrastierende Darstellungen. Zum anderen tauchen bestimmte Ideen zu oder Bilder von Führern/Führung in stetiger Regelmäßigkeit wieder auf; man könnte in diesem Zusammenhang wohl von verfestigten „Themen der Führung" sprechen (z. B. das Bild des „Great Man" oder des „Führers"). Diese „Führungs-Evergreens" werden bei ihrer jeweiligen „Wiedergeburt" immer wieder zu unterschiedlichen Zwecken eingesetzt und umfunktionalisiert. Aber allein aufgrund der Tatsache, dass ihnen in bestimmten Zyklen immer wieder Bedeutung zugeschrieben wird, verdienen sie eine gleichzeitige und gleichwertige Beachtung. Von daher müssen solche „Themen der Führung" eher in einem ergänzenden Nebeneinander als in einem strikten zeitlichen Nacheinander gesehen werden.

Das soeben Gesagte verweist auf die grundsätzliche Frage, was denn „Führung" überhaupt ist. Während übliche Definitionen von Führung zumeist auf die Ziel- und Zweckdimension von Führung abheben, z.B. als „zielorientierte soziale Einflussnahme zur Erfüllung gemeinsamer Aufgaben in/mit einer strukturierten Arbeitssituation" (Wunderer & Grunwald 1980, S. 62), wird seltener die Frage nach der Qualität von Führung gestellt: Was genau ist denn eigentlich „Führung" und wo findet sie statt?

Wie bereits die Attributionstheoretiker (vgl. Neuberger 1994, S. 215) festgestellt haben, ist „Führung" ein kognitives Konstrukt. Führung spielt sich im Kopfe jedes einzelnen Menschen – ob Führer oder Geführte(r) – ab. D. h. jeder macht sich sein eigenes Bild von Führung, schreibt ihr Ursachen, Funktionen, Bedeutungen und Wirkungen zu. Und damit wird für jeden das zur Wirklichkeit, was als wirklich erkannt oder gedeutet wird (vgl. auch die Erkenntnisse des radikalen Konstruktivismus, z.B. Watzlawick 1981).

Auf diesem Hintergrund wird verständlich, wie der Wandel von „Themen der Führung" im Spannungsfeld historischer und sozio-kultureller Einflüsse vonstatten geht. Der Mensch wird in seinem Denken ganz wesentlich vom jeweiligen Zeitgeist mitgeprägt. Dadurch engt sich freilich auch der Spielraum ein, innerhalb dessen es ihm möglich ist, sich Gedanken über und Bilder von „Führung" zu machen. Doch damit nicht genug: „Führung" wird nicht nur zeit- und kontextspezifisch kognitiv repräsentiert, sondern auch zeit- und kontextspezifisch in Handlung transformiert. D.h. die jeweiligen Ideen (im Sinne „Subjektiver Theorien") dienen gleichzeitig dem Handlungsentwurf und der Handlungssteuerung; sie bestimmen mit, wie Führen und „Geführt-werden" praktiziert werden (vgl. Abbildung 5). Auf dem Umweg über „Selbsterfüllende Prophezeiungen" besteht im Übrigen jederzeit die Wahrscheinlichkeit, dass sich Ideen und Handlungsweisen wechselseitig bestätigen und reproduzieren.

Wenn man nun bedenkt, dass sich im Laufe der Zeit immer mehr Gedanken und Betrachtungsweisen zum Thema „Führung" ansammeln, ohne dass ältere Führungsvorstellungen unbedingt vergehen, so verwundert es nicht, wenn mittlerweile eine verwirrende Vielfalt davon besteht. Sowohl Theoretiker als auch Praktiker sehen sich einer übergroßen Fülle von Erkenntnissen und Ratschlägen zur Führung gegenüber. Nicht allein, dass Führen selbst schon eine komplexe Angelegenheit darstellt, so gesellt sich auf der Metaebene nunmehr eine „Komplexität des Denkens und Sprechens über Führung" hinzu.

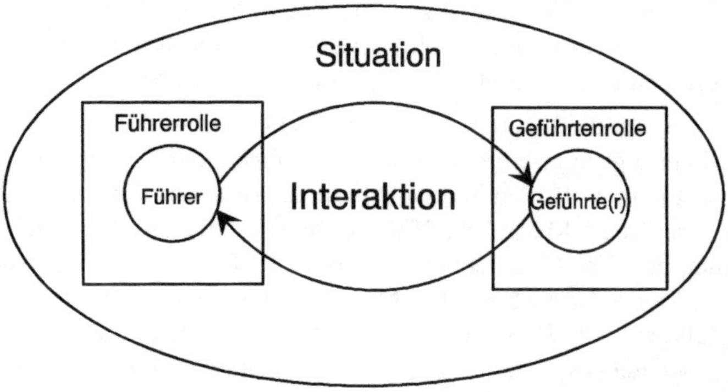

Abb. 5. Überblick über zentrale Gegenstände von Führungstheorien („Themen der Führung")

5.1 Personorientierte Führungstheorien

Die ältesten und periodisch immer wieder an Aktualität gewinnenden Theorien sind die personorientierten Führungstheorien. Dazu zählen beispielsweise die Eigenschaftstheorie der Führung, die Charismatischen Führungstheorien, die Tiefenpsychologischen Führungstheorien und die Entscheidungstheoretischen Ansätze. Neben solchen sogenannten „führerzentrierten" Ansätzen existieren auch „geführtenorientierte" Ansätze, die den Fokus nicht auf die Führerpersönlichkeit, sondern auf Merkmale der Geführten richten (z. B. Weg-Ziel-Theorie der Führung, Attributionstheorien, Soziale Lerntheorie oder Reifegradtheorie der Führung). Allen Ansätzen gemeinsam ist die Hervorhebung von Eigenschaften oder/und Verhaltensweisen der Person und deren Bedeutung für den Führungserfolg.

Um den Ursprung dieser Theoriengruppe herausarbeiten zu können, muss man in der europäischen Geschichte zunächst einmal ein ganzes Stück zurückgehen, bis hin zur Ständegesellschaft des 18. Jahrhunderts. Der Mensch wurde damals als Teil einer gottgegebenen Ordnung betrachtet: In diese Ordnung wurde er hineingeboren, und damit waren Status, Rollen und Aufgaben für sein ganzes Leben bereits vorgezeichnet. Ebenso wurden Herrscher und Potentaten als Auserwählte „von Gottes Gnaden" angesehen: Unumschränkte Macht über die abhängigen Massen war ihnen vorbestimmt und vorbehalten. Man kann diese Führungspraxis als eine typisch traditionalistische bezeichnen.

Im Laufe des 18. und 19. Jahrhunderts wurde diese Macht des Adels jedoch Zug um Zug eingeschränkt. Dies lag zum einen an Aufständen und Revolutionen, die „Freiheit, Gleichheit und Brüderlichkeit" von allen für alle verlangten. Zum anderen brachte die zunehmende Industrialisierung und der beginnende Kapitalismus eine neue Klasse, die Unternehmer der Gründerzeit, hervor, die in kurzer Zeit eine beträchtliche Zunahme an Wohlstand und Einfluss verzeichnen konnten. Unterstützt von sozialdarwinistischen Überlegungen – der Mensch als Teilnehmer in einem großen Wettkampf ums Überleben (Spencer 1862) –, galten sie als diejenigen, die „es durch Wille und Begabung geschafft" hatten. Das Bild des industriellen Führers war das des Einzel- und Dschungelkämpfers. Die Führungspraxis könnte man als eine machiavellistische/massenpsychologische bezeichnen: Nur die Stärksten und die Listigsten vermochten es, die Massen eigennützig zu verführen.

In diese Periode fällt die Entstehung der damals noch vorwissenschaftlichen personorientierten Führungstheorien. Führer, die über Jahrhunderte hinweg die Macht über die Menschheit in den Händen hielten (Monarchen), aber auch solche, die erst seit Kürze eine übergroße Machtfülle hinzugewannen (Industrielle), brauchten eine Rechtfertigung für diese Ungleichheiten innnerhalb der Bevölkerung. Auf der anderen Seite wurde zeitweise auch aus dem Munde der Geführten selbst der Wunsch nach dem „Überführer" laut: Er vermittelt(e) schließlich Sicherheit, Orientierung und Sinn, ganz so wie man es gewohnt war, selbst wenn man darunter zu leiden hatte.

Hinzu trat am Ende des 19. Jahrhunderts die Psychologie als eigenständige Wissenschaft, die in ihrer Anfangszeit sehr stark von der Eigenschaftstheorie geprägt war. Man glaubte, menschliches Erleben und Verhalten sei in erster Linie von (stabilen) Persönlichkeitseigenschaften abhängig, und entwickelte entsprechende Verfahren und Instrumente, um solche Merkmale der Person fassbar zu machen. Damit entstanden Führungstheorien, die sich nur noch darin zu unterscheiden schienen, welche Eigenschaften des Führers sie denn nun genau für den Führungserfolg verantwortlich machten. Später wich die Eigenschaftstheorie der Theorie vom Verhalten (Behaviorismus): Nicht mehr stabile Persönlichkeitseigenschaften, sondern lern- und veränderbare Verhaltensweisen des Führenden rückten damit in den Mittelpunkt des Interesses.

Obwohl die Verabsolutierung von Persönlichkeitseigenschaften und Verhaltensweisen als alleinigem Kriterium für erfolgreiches Führen mittlerweile von der Forschung widerlegt und in der Praxis aufgegeben wurde, spielt die Beschäftigung mit der Führungspersönlichkeit nach wie vor eine große Rolle. Führungskraft sein heißt nicht einfach eine Rolle bekleiden, sondern macht das Einbringen der ganzen Person erforderlich und unumgänglich. Ansätze wie die Charismatischen Führungstheorien, aber auch neue Methoden zur Auswahl von Führungskräften (z. B. Assessment Center) spiegeln dies wider. Insofern haben personenorientierte Führungstheorien – nicht allein, aber in der Zusammenschau mit umfassenderen Ansätzen – auch heute noch ihre Berechtigung.

Im Übrigen werden personorientierte Ansätze immer dann instrumentalisiert und zu Führungsideologien umfunktioniert, wenn Führungskräfte ihre Bedeutung herausstreichen oder ihre (Macht-)Position sichern wollen, aber auch wenn Geführte nach einer starken Hand verlangen und die Übernahme von Verantwortung abschieben wollen, wie dies in unsicheren, krisenhaften Zeiten häufig der Fall ist.

5.2 Positionsorientierte Führungstheorien

Mit der zunehmenden Industrialisierung und dem Wandel der Ständegesellschaft zu einer Klassengesellschaft gingen große Umwälzungen im Bereich der Wirtschaft und der öffentlichen Verwaltung einher. Die in Städten und Fabriken zusammengeballten Menschenmengen mussten organisiert und ihre Leistungskraft so effizient wie möglich genutzt werden. Es entstanden dazu große institutionalisierte Gebilde, Bürokratien, die sich vollkommen den Prinzipien der Rationalität und der Strukturiertheit (und damit der Unpersönlichkeit) verschrieben hatten. In den Produktionsstätten sollte insbesondere der Einsatz neuer Techniken zu immer weitergehenden Rationalisierungsspielräumen verhelfen. Allgemein wurde die Welt durch große Fortschritte in den Naturwissenschaften als zunehmend durchschaubar und beherrschbar empfunden.

Im Kontext all dieser Entwicklungen sah man Führung zwar nach wie vor als unabdingbare Notwendigkeit an; man nahm jedoch Abstand von der (oben angedeuteten) starken Personalisierung der Führung. Menschen oder einen Betrieb zu führen wurde mehr und mehr als die Bekleidung einer Position/Rolle betrachtet.

Insbesondere der Ingenieur Frederic Taylor (vgl. Taylor 1915) sah Organsationen als große Maschinen an, innerhalb derer Führungspersönlichkeiten auch nichts anderes als ein winziges Rädchen sind. Durch ein Abgleichen von persönlichen Potentialen und Anforderungen der Arbeitsstelle sollte jeder – ob Arbeiter oder Führungskraft – an seinem Platz zum Funktionieren der Maschine optimal beitragen. Eine solche Führungspraxis könnte man funktionalistisch nennen. Das Bild des Führers ist das des Fachmanns oder des Führungsingenieurs.

Für die Praxis ist es ein Verdienst Taylors, dass er erstmals versuchte, Führungsregeln, die bisher nur als private Faustregeln der Führungskräfte bestanden hatten, auf wissenschaftliche Art und Weise (d. h. experimentell) zu ermitteln und festzuhalten. Ergebnisse aus seinen Studien wandelte er um in konkrete Führungstechniken (z. B. zur Arbeitsanweisung, zur Motivation der Mitarbeiter usw.).

Theoretisch fiel Taylors Werk allerdings unangemessen dürftig aus. Hier ließe sich eher eine Verbindung zu den Arbeiten Max Webers und dessen Bürokratietheorie ziehen. Weber (1922) beschrieb die im Zuge fortschreitender gesellschaftlicher Rationalisierungsprozesse aufgekommenen bürokratischen Apparate. Mit seinen Schriften begründete er die theoretische Beschäftigung mit Rollen und Macht als wesentlichen Phänomenen in formalen Organisationen was nicht zuletzt zum Gegenstand der nachfolgend entstehenden Organisationssoziologie heranwuchs.

Während die Begründung von Autorität bei den Sozialdarwinisten noch durch Bezugnahme auf persönliche Eigenschaften des Führers erfolgte, beruft sich der Taylorismus auf Sachzwänge des Produktionsprozesses und das Bürokratiemodell auf die sogenannte „Amtsautorität" (Wunderer & Grunwald 1980, S. 95). Wie das gesamte Weltbild und die Lebensführung, so wird auch Führung „entzaubert". Führung wird als sachliche Notwendigkeit und „gesetzte Ordnung" konzipiert und mit der Ablösung vom jeweiligen Amtsinhaber vollkommen ent-personalisiert.

Positionsorientierte Führungstheorien haben demnach den institutionellen Rahmen (die Strukturen), innerhalb dessen Führung stattfindet, zum Gegenstand. Zu erkennen, dass Führung einerseits selbst Teil von Strukturen ist, dass Führung andererseits aber auch Strukturen zum Mittel hat, ist sicherlich ein wichtiger Erkenntnisschritt. Außerdem lassen Rollenanalysen die vergleichende Perspektive zwischen verschiedenen Rollen in der Selbst- und Fremdwahrnehmung zu. Machttheorien machen auf die Bedeutung von sozialem Einfluss und seiner Verteilung aufmerksam. Macht kann die verschiedensten Legitimationsgrundlagen und Funktionen besitzen.[1]

5.3 Situationsorientierte Führungstheorien

Um die Jahrhundertwende und bereits zuvor begann das Volk erneut, gegen die Machtfülle ihrer Herren – die nun nicht mehr dem Adel entstammten, sondern Kinder des Kapitalismus waren – vorzugehen. Diesmal war es die sozialistische Idee, die die (Arbeiter-)Massen vereinte. Die Arbeiterbewegung hielt auf die eine oder andere Art Einzug in die meisten industrialisierten Länder. Der Arbeiter begann – langsam, aber sicher – sich zu emanzipieren und die (Be-)Achtung seiner Person einzufordern. Speziell Deutschland, aber auch die ganze Welt hatte schließlich mit Hitler und dem Dritten Reich eine in ihren Auswirkungen fatale Lektion erteilt bekommen, wohin ein übertriebener Führerkult führen kann.

Dies alles hatte auch Einfluss auf die neueren Führungstheorien. Die starke Konzentration auf die Person und/oder Rolle des Führers wurde als einseitig und verkürzt erkannt. Will man Führung adäquat beschreiben und erklären (bzw. Führungserfolg vorhersagen), so müssen Kontextfaktoren, die die führende Person umgeben, miteinbezogen werden, die Geführten, die Aufgabe, die Organisation usw. Darüber hinaus ist Führung genuin als ein interaktives Phänomen zu begreifen. Führung als soziales Wirkhandeln führt vom Führer zum Geführten, aber genauso auch in die umgekehrte Richtung, vom Geführten zum Führer.

Wissenschaftshistorisch hat die Human-Relations-Bewegung der 20er und 30er Jahre den Boden für eine solche Perspektivenerweiterung bereitet. Erstmals hatte man den Menschen damals feldexperimentell als psychosoziales Wesen entdeckt. Während vorher geglaubt (oder ideologisiert) wurde, der Mensch sei ein ausschließlich rationales Wesen und nur durch materielle Anreize und Fremdkontrolle zur Arbeit zu motivieren, wurde nun offenbar, dass auch der Führungsstil und das jeweilige Gruppenklima Einfluss auf die menschliche Arbeitsleistung haben (vgl. Roethlisberger & Dickson 1939). Seither ist die Rede vom sogenannten „Kooperativen Führungsstil“. Das Bild des Führers ist das des Firmenmenschen, der sich idealerweise sowohl um die Aufgabenerfüllung als auch um die Mitarbeiter kümmert.

Einen weitergehenden Ansatz stellte die Humanistische Psychologie mit ihren motivationstheoretischen Überlegungen dar. In Abneigung gegen das Führermodell des Faschismus auf der einen und die zunehmende Unpersönlichkeit und Entfremdung des Individuums in bürokratischen Systemen auf der anderen Seite wird der Mensch nun als ein Wesen betrachtet, das nach Selbstverwirklichung strebt (vgl. Maslow 1954). Selbstverwirklichung und Selbständigkeit des Einzelnen waren zwar inzwischen in den westlichen Gesellschaften und in der Politik fest verankerte Werte und

[1] Den Unternehmern gefiehl es gar nicht, dass man sie nurmehr auf ihre Funktionen im Gefüge der Organisation reduzieren wollte. Sie reagierten darauf prompt, indem sie die Personorientierung wiederaufleben ließen und dabei wahre „Heldenepen“ hervorbrachten (vgl. die amerikanischen Erfolgsstories „vom Tellerwäscher zum Millionär“).

Ziele. Im Bereich der Wirtschaft und in den dafür mitverantwortlichen klassischen Organisationstheorien galt nach wie vor die vollkommene Abhängigkeit und Fremdbestimmung des Arbeiters als Notwendigkeit und Normalität. Man setzte sich zum Ziel, diese Widersprüche in den Systemrationalitäten (Privat- versus Berufsleben) aufzuheben. Dementsprechend wurde ein „Non-direktiver Führungsstil" propagiert, der dem Individuum Freiraum zum persönlichen Wachstum und zur Selbstentfaltung lassen sollte. Im Übrigen wurde der bis dahin für unumstößlich gehaltene Gegensatz zwischen Organisationszielen und Mitgliederbedürfnissen relativiert. Man glaubte, dass beim einzelnen Mitarbeiter gerade erst durch das Gewähren von Handlungsspielraum eine „echte" (= intrinsische) Motivation zum Einsatz für die Organisationsziele erreicht werden könne.

Der Mensch wurde mehr und mehr als ein komplexes Wesen konzeptualisiert (vgl. Schein 1970), der Widersprüche in sich trägt, die er allerdings durch situationsadäquaten Einsatz nutzbar machen kann. Die Suche nach „dem richtigen Menschenbild" und dem daraus abgeleiteten „optimalen Führungsstil" findet damit ihr Ende. Die Führungskraft muss ihr Führungsverhalten nach situativen Parametern ausrichten, um damit erfolgreich zu sein (Kontingenztheorie der Führung). Das Bild des Führers wäre hier das des (Spiele-)Machers.

Die gesellschaftliche Emanzipation der Geführten wie auch das Vorherrschen interaktionistischer Theoriebildung in den Sozialwissenschaften bildete eine Grundlage für das Entstehen interaktionistischer Führungstheorien. Führung wird dabei nicht mehr als „One-man-show" betrachtet, sondern als wechselseitiges Interaktionsphänomen in Dyaden und Gruppen. Die Beeinflussung im Führungsprozess verläuft wechsel- und gleichzeitig zwischen Führer und Geführten. Besondere Aufmerksamkeit erhielten dabei Kosten-Nutzen-Überlegungen als Grundlage der Interaktion (vgl. Austauschtheorien und Gleichheitstheorie). Sowohl Führer als auch Geführte(r) versprechen sich von der Interaktion einen materiellen oder immateriellen Vorteil.

Die Einführung des Sozialstaats und der damit verbundenen Tatsache, dass Bildung für Menschen breiter Schichten zugänglich gemacht wurde, führte über die Jahrzehnte zu einem einem großen Wertewandel. Die Arbeit verlor (und verliert) allgemein an Bedeutung, während Freizeit und Hobbies einen großen Bedeutungszugewinn verzeichneten. Innerhalb der Arbeit wurde/wird weniger Wert auf materielle Gratifikationen und mehr Wert auf Inhalte und Sinndimensionen der Arbeit gelegt. Die Arbeitnehmer wollten selbständiger und freier arbeiten sowie bei wichtigen Entscheidungen mitbeteiligt werden. Dies führte zur Forderung nach einem „partizipativen Führungsstil".

Speziell der Sinnebene der Arbeit wird neuerdings in Ansätzen symbolischer Führung Rechnung getragen. Sinn als Einbindung einer sozialen Tatsache in einen Bezugsrahmen kann Mitarbeitern in einer immer komplexer und dynamischer werdenden Organisationswelt (vgl. Abbildung 6) Orientierung vermitteln, Motivationsgrundlagen schaffen und daher Führungsinstrument sein. Das Bild des Führers wäre hierbei das des Sinnstifters. Doch damit ist bereits der Übergang zu den systemischen Führungstheorien vollzogen.

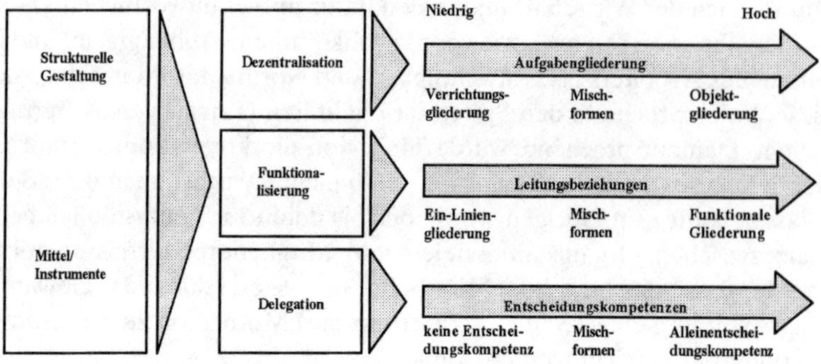

Abb. 6. Die organisatorischen Mittel (Instrumentenvariablen)

5.4 Systemische Führungstheorien

Seit geraumer Zeit hat die Systemtheorie Einzug in die Sozialwissenschaften und die Organisationslehre gehalten. Ihre heutige Dominanz in den vielfältigsten Anwendungsfeldern verdankt sie u. a. ihrer abstrakten Sprach- und Denkweise und damit ihrer universellen Anwendbarkeit sowie dem Anspruch, komplexe Sachverhalte bewusst nicht zu simplifizieren, sondern sie auf der Stufe ihrer jeweiligen Komplexität bzw. im ständigen Wechsel zwischen verschiedenen Komplexitätsebenen zu betrachten und zu untersuchen.

Sowohl die Organisationen der 80er und 90er Jahre als auch ihre relevanten Umwelten sind extrem komplex, dynamisch und dadurch unüberschaubar und unvorhersehbar geworden. Was den Menschen mehr und mehr Probleme bereitet, ist nicht so sehr die natürliche Umwelt an sich, die seit Jahrtausenden bereits relativ konstante Verhältnisse aufweist (vgl. Götz 1996a), sondern die zunehmenden menschlichen Eingriffe in diese natürliche Umgebung, die sogenannten „Errungenschaften der menschlichen Zivilisation“ (vgl. Ulrich 1981). Letztere sind es, die auf den Menschen mittlerweile in bedrohlicher Art und Weise zurückwirken; sichtbar z. B. in der fortschreitenden Umweltzerstörung, der Möglichkeit atomarer Katastrophen, der Gentechnologie, usw. (vgl. Götz 1996b).

Mit einer einfachen kausal-analytischen Denkweise lassen sich die heutigen Phänomene und ihre Folgen auf Wirtschaft und Gesellschaft nicht mehr adäquat verstehen, geschweige denn zum Guten wenden. Erst wenn Einzelphänomene in größeren Zusammenhängen (über Raum und Zeit) und von verschiedenen Perspektiven aus betrachtet werden, kann man deren Komplexität annäherungsweise gerecht werden. Außerdem sollte sich Lernen verstärkt antizipatorisch vollziehen, d. h. Handlungen muss die geistige Simulation von System-Umwelt-Szenarios voraus gehen, denn Lernen nach Versuch-und-Irrtum ist zu risikoreich geworden.

Sein eigenes Handeln in der Verknüpfung mit vielfältigsten Ein-, Zusammen- und Auswirkungen zu sehen, kann die Einschätzung der eigenen Macht und/oder Verantwortung auf fundamentale Weise verändern, je nachdem, aus welchem Blickwinkel man sich selbst bislang betrachtet hat. Dem Mächtigen verdeutlicht es seine Abhängigkeit von vielerlei anderen Dingen, geplanten, aber nicht wahrgenommenen Ereignissen oder auch Zufällen. Mit seinem Handeln bestimmt er nicht allein über die tatsächlich eintretenden Handlungsfolgen. Dem Ohnmächtigen beschert es die Erkenntnis, mit seinem Handeln für viele scheinbar ausschließlich fremdbestimmte Ereignisse – wenn auch nicht ganz alleine – zumindest mit-verantwortlich zu sein.

Werden auf diesem Hintergrund Organisationen als selbstorganisierende soziale Systeme betrachtet (vgl. Probst 1987; Bleicher ^{2}1990, ^{2}1992), hat das eine radikale Veränderung in der Konzeption von Führung zur Folge. Für die Leistung und Entwicklung einer Organisation als Ganzes sind danach nicht mehr einzelne Personen verantwortlich, sondern immer das Zusammenwirken aller beteiligten Akteure. Das Bild des Führers wandelt sich von dem des „Machers" hin zum „Rahmen- und Prozessgestalter", der organisationale Kontexte für (teil-)autonome Akteure zu kultivieren sucht (vgl. Abbildung 7).

Ein von Wittenzellner (1989) befragter Manager bringt diesen Prozess der Umorientierung im Führungsverständnis auf den Punkt, wenn er feststellt: „In der Vergangenheit lautete die Frage: „Wie führe ich ein Unternehmen?", heute heißt sie: „Wie führen wir ein Unternehmen?" und für die Zukunft gilt: „Wie führt sich ein Unternehmen?". (Zitiert in: Neuberger 1994, S. 230)

Eine neue, oder besser: neu erkannte, Dimension von Führung tritt in der konsequenten Weiterführung systemischer Betrachtungen von Organisationen hinzu, nämlich die ethische Dimension. Ethik nun nicht so sehr bezogen auf das Verhältnis Führer zu Geführten, – dies wurde bereits in den Ansätzen der Human Relations Bewegung oder der Humanistischen Psychologie thematisiert -, sondern Ethik bezüglich der selbstorganisierend handelnden Organisation im Verhältnis zu ihrer Umwelt.

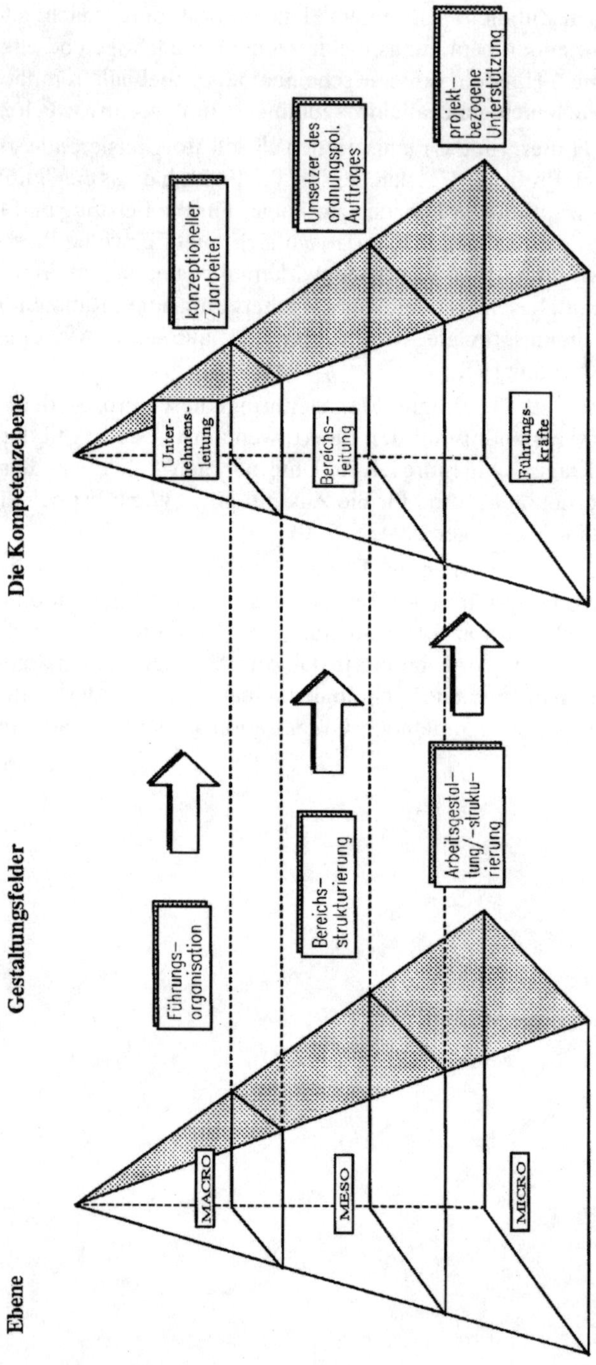

Abb. 7. Die organisatorischen Gestaltungsebenen

B

Vom Nutzen betrieblicher Weiterbildung

B. Vom Nutzen betrieblicher Weiterbildung

DER KURATOR DER UNIVERSITÄT PADUA ZU GALILEI: *Skudi wert ist nur, was Skudi bringt. Wenn Sie Geld haben wollen, müssen Sie etwas anderes vorzeigen. Sie können für das Wissen, das Sie verkaufen, nur so viel verlangen, als es dem, der es Ihnen abkauft, einbringt. Die Philosophie zum Beispiel, die Herr Colombe in Florenz verkauft, bringt dem Fürsten mindestens 10 000 Skudi im Jahr ein. Ihre Fallgesetze haben Staub aufgewirbelt, gewiß. Man klatscht Ihnen Beifall in Paris und Prag. Aber die Herren, die da klatschen, bezahlen der Universität Padua nicht, was Sie sie kosten. Ihr Unglück ist Ihr Fach, Herr Galilei.*
GALILEI: *Ich verstehe: freier Handel, freie Forschung. Freier Handel mit der Forschung, wie?*

BERTOLT BRECHT
„Leben des Galilei“

1. Angebots- und nachfrageorientierte betriebliche Bildung

1.1 Angebotsorientierte betriebliche Bildung

Die Beantwortung der Frage nach dem *Nutzen* betrieblicher Aus- und Weiterbildung stellt für das Bildungsmanagement eine wichtige Herausforderung dar, da aus den Ergebnissen die Existenzberechtigung für Bildung in einem Betrieb abgeleitet wird. Wie lässt sich aber kurz-, mittel- und langfristig der Erfolg von Bildung erfassen – was ist der Nutzen der Bildung (vgl. Götz 1993a,b)?

Oftmals wird die Beschreibung des Nutzens und seiner Messbarkeit vom Bildungswesen nur unzureichend reflektiert – die vordergründige Befriedigung eines Bedarfes wird der Frage nach der Nützlichkeit dieser Bedarfsbefriedigung zunächst vorgelagert. Betriebswirtschaftlich orientierten Entscheidungsträgern in Unternehmen fällt es oft schwer, einen Nutzen in Bildungsmaßnahmen zu erkennen, wenn er sich nicht „rechnen“ lässt. Es ist für die betriebliche Bildung notwendig, zu benennen, was Nutzen von Bildung ist und wie Bildung dem „Kunden“ (gemeint ist der Adressat von Bildungsaktivitäten bzw. der Nachfrager nach Bildung) nützlich ist.

Betriebliche Bildung war (ist?) lange Zeit ein „Kaufladen“ für die Ware „Qualifizierung“. Es wird ein Angebot in der Hoffnung gemacht, dass sich die Ware auch verkaufen lässt. Die Möglichkeit zum Verkauf würde, so hoffte man, präventiv durch die Bildungsbedarfsanalyse gesichert. Aus dem Bildungsbudget, das vom Bildungswesen selbst verwaltet und verteilt wurde, wurden Bildungsmaßnahmen geplant und angeboten – solange der Vorrat an Kursen reichte. Sonderangebote ergänzten die Produktpalette. Auslaufmodelle waren günstig zu haben.

1.2 Nachfrageorientierte betriebliche Bildung

Die neuere Diskussion um den Nutzen der Bildung steht in einem engen Zusammenhang mit der „Center-Organisation" von Wirtschaftsunternehmen. Durch die Verankerung von unternehmerischem Denken und Handeln wird die Entwicklung von wettbewerbsfähigen Bereichen mit ausgeprägter Kundennähe beabsichtigt. Dabei können auch firmeninterne Leistungsempfänger Kunden sein. Das „Center Bildungswesen" entwickelt ein eigenständiges Produkt- bzw. Dienstleistungsprofil innerhalb der Organisation mit eigenen (internen und externen) Beschaffungs- und Absatzmärkten. Die Center besitzen größtmögliche Autonomie mit erheblich erweiterten Handlungsspielräumen (Kosten und Leistungen) und Verantwortungen.

Innerhalb des Unternehmens kann zwischen Profit-, Cost- und Service-Centern unterschieden werden. Während das *Profit-Center* Leistungen erbringt, die zu wettbewerbs- und kostenzielorientierten Preisen innerbetrieblich und/oder extern vermarktet werden können, erbringt der *Cost-Center* Leistungen, die nicht eigenständig vermarktet werden können oder sollen. In einem *Service-Center* werden Leistungen erbracht, die aus Sicht der übergeordneten unternehmerischen Einheit weder eigenständig vermarktet noch kurzfristig beschafft werden können. Wesentlicher Erfolgsmaßstab ist das Erreichen der vereinbarten operativen Leistungs- und Kostenziele.

2. Klassifizierungen in der Nutzendiskussion

Angeregt durch strukturelle und konjunkturelle Änderungen im Unternehmen selbst und im Umfeld des Unternehmens, wird der Wertschöpfungsbeitrag der betrieblichen Bildung neu diskutiert. Im Folgenden sollen deshalb Überlegungen gezeigt werden, die diese Diskussion befruchten könnten.

2.1 Das betriebspädagogische Denkmodell

Der Ansatz knüpft an die traditionelle Inputorientierung an und nimmt neuerdings auch die Gedanken der (Service-)Center-Orientierung in die betriebliche Bildungsarbeit mit auf. Er geht mehr als das betriebswirtschaftliche Modell von einer Förderung der „bezahlten Unfähigkeiten" der Organisationsmitglieder aus (Inputorientierung). Das betriebswirtschaftliche Modell ist dagegen mehr am Output interessiert. Im Mittelpunkt der Nutzenorientierung von seiten der betrieblichen Bildung stehen die Stärkung der Kunden- und Wettbewerbsorientierung, Beschleunigung von Entscheidungen, klare Zuordnung von Kompetenz und Verantwortung, verbesserte Führungskräfteentwicklung und die Entlastung des Managements.

Bildungserfolg wird auf dieser Grundlage als das Funktionieren des Service-Centers „Bildung" beschrieben. Er misst seinen Erfolg an:

- der Entwicklung von Vernetzungen mit den nachfragenden Bereichen (Kundenstamm), die dem betrieblichen Bildungswesen Aufträge geben und dafür bezahlen, und

- der Sicherstellung, dass die jeweilige Arbeitskraft im Bildungswesen durch ihre eigenen erwirtschafteten Erträge finanziert werden kann.

Ein derartiger Ansatz bedeutet in seiner Konsequenz, dass die kundenbezogene Verkaufsorientierung von Bildung auf der Basis eines „return on investment" in den Mittelpunkt der Betrachtung gerückt wird. Das betriebliche Bildungswesen wird hier dazu aufgefordert, konkrete Geschäftsideen zu entwickeln und zu organisieren und dementsprechend die eigenen Kapazitäten und Leistungen zu planen. Ziel eines derartigen Handelns ist die Entwicklung und Erweiterung eines Kundenstamms.

Die Verantwortung der Service-Center-Leitung liegt in der Koordination und Korrektur von Einzelplanungen, dem Sicherstellen von Rahmenbedingungen, der Nennung von Erfolgskriterien und der Vertretung der Gesamtinteressen des Centers (Gesamtsteuerung). Von den Mitarbeitern wird Initiative hinsichtlich Akquisition und Geschäftsideen, Eigenverantwortlichkeit und Zuverlässigkeit im produktiven Kundenkontakt, Engagement im Erfüllen der Wirtschaftsziele und Teamorientierung erwartet.

Dieser Ansatz betont die Kommunikationskomponente der betrieblichen Bildung. Es wird davon ausgegangen, dass eine Voraussetzung der Leistungserfüllung durch die betriebliche Bildung u. a. der Bekanntheitsgrad des Bildungswesens in den zu betreuenden Bereichen ist. Dazu ist es notwendig, dass Klarheit über die Kontaktpartner im Bereich herrscht. Im Unterschied zu der öffentlichen Weiterbildung steht die Kontaktpflege mit den Bereichen (Wer sind unsere Ansprechpartner?) im Mittelpunkt des Interesses.

Unter diesen Voraussetzungen muss der Bildungsbedarf erkannt und mit der richtigen Maßnahme gedeckt werden. Diese Bedarfsdeckung orientiert sich an der Fragestellung: „Habe ich die Dinge (Entwicklungen, Bedürfnisse, Probleme im Bereich) richtig erkannt, und habe ich die richtigen Instrumente, um die Nachfragen zu befriedigen?" Diese Fragestellung impliziert größere Systematik in der Marktpflege und die Entwicklung von mehr Ideen, um Märkte zu erschließen. Es ist zu fragen, wie die Nachfragen in die Segmente des Bildungswesens passen und wie ein Qualitätsvorsprung erreicht werden kann.

Wenn sich ein Unternehmen in einem permanenten Wandel befindet, dann ist das Bildungswesen in dem Maße nützlich, in dem es ihm gelingt, auf diese Veränderung hin Nützliches anzubieten. Diese Vorwärtsorientierung ist das eigentlich Wichtige. Konsequenz dieser Veränderungen ist u. a. die Center-Idee, die versuchen muss, mit der wachsenden Komplexität umzugehen. Das Bildungswesen ist laufend dazu aufgefordert, mit seinen Angeboten näher an das heranzukommen, was die Mitarbeiter in den Bereichen anfragen. Der mittelbare Nutzen lässt sich hier als der vom Kunden bezahlte Nutzen kennzeichnen (Klassifizierung der Wertschätzung); der unmittelbare Nutzen besteht in der Qualifizierung des Mitarbeiters.

2.2 Das betriebswirtschaftliche Denkmodell

Im Mittelpunkt des Ansatzes stehen die Outputorientierung und die Frage nach dem, der gebildet wird. Es wird gefragt, ob sich der Bildungsinput anhand von quantifizierbarem Output (Ertrag) rechnen lässt. In Abbildung 1 soll gezeigt werden, dass Bildungsinteressen bestimmter Zielgruppen immer von anderen Interessen tangiert bzw. überlagert werden.

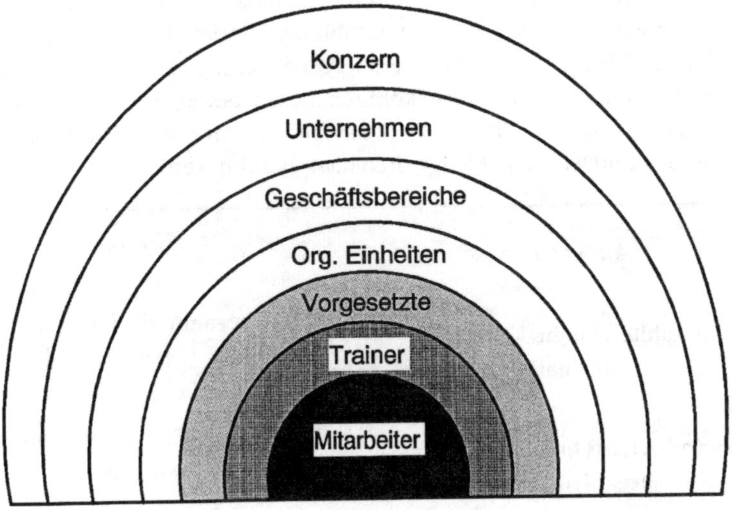

Abb. 1. Wertanalyse von Bildung bei verschiedenen Zielgruppen

Steht der *Mitarbeiter* selbst im Mittelpunkt der Betrachtung, so muss er die Lerninhalte (Know-how) verstanden haben und entweder in sein Weltbild integrieren, sie ablehnen oder durch anderes ersetzen. Von Bildungserfolg kann damit auch dann gesprochen werden, wenn der Lernende bestimmte Inhalte ablehnt; vom Gesichtspunkt der reinen Qualifikation ist die kognitive Rekonstruktionsmöglichkeit der Inhalte entscheidend; die Akzeptanz des Vermittelten kann aber davon unabhängig sein (z. B. Lernen von Anwendersoftware – Qualifikation; Ablehnung des Computers – Emotion).

Der *Vorgesetzte* versteht unter Bildungserfolg innerhalb dieses Ansatzes die Erhöhung der Funktionstüchtigkeit (z. B. Zuverlässigkeit, Selbständigkeit) des Mitarbeiters. Für die *Organisation* steht die Funktionstüchtigkeit der organisatorischen Einheit im Sinne von Erhaltung, Selbststeuerung, qualitativem und quantitativem Output und geringem Ressourcenverbrauch im Zentrum des Bildungserfolgs. Unter dieser Betrachtung ist es wichtig, ob ein Individuum das in einer spezifischen Bildungsmaßnahme Vermittelte annimmt und funktional an seinem Arbeitsplatz umsetzt.

Nutzen der Bildung bedeutet hier, dass die erfahrene Bildung zum Abbau von Behinderungen bzw. zur dynamischen Selbst- und Neuorganisation beiträgt. Dadurch wird die Funktionstüchtigkeit des Unternehmens erhöht. Die Frage nach dem Nutzen der Bildung ist nur auf der organisatorischen Ebene zu beantworten; hier wird gefragt, ob Bildung der Organisationseinheit „etwas bringt".

In der Abbildung 2 soll gezeigt werden, dass im Sinne einer Gewinn-Verlust-Rechnung die Organisation für die (Bildungs-)Defizite des Individuums bezahlt. Auf der Aufwandsseite stehen dabei die „bezahlten Unfähigkeiten", auf der Ertragsseite die „bezahlten Fähigkeiten". Mit Bildung bezahlt der Betrieb die Erschließung des Potentials der bezahlten Fähigkeiten; oder die Verringerung der Notwendigkeit, Unfähigkeiten zu bezahlen. Idealerweise könnten diese Überlegungen in eine sogenannte „Unfähigkeits-Bilanz" münden, in der aufgelistet wird, wie viele Unfähigkeiten bezahlt werden und wie viele Fähigkeiten nicht bezahlt werden.

Aufwand	*Ertrag*
bezahlte Unfähigkeiten (Personal)	bezahlte Fähigkeiten (Personal)
für wie viele Unfähigkeiten bezahlen wir	wie viele Erlöse bekommen wir hier
Ansatz der Organisationsentwicklung	Ansatz der Betriebswirtschaft
(wie reduzieren wir die bezahlten Unfähigkeiten)	(wie fördern wir die bezahlten Fähigkeiten)

Abb. 2. Bildungs*nutzen* aus der Perspektive von Aufwänden und Erträgen (vgl. Mann 1990, S. 108–110)

Die Konsequenz aus diesem Denkansatz ist, dass Bildungsleistungen nicht zum Verrechnungssatz (Mitarbeitergehalt : 220 Tage = Tagessatz), sondern zum Wertschöpfungssatz (z. B. Beratungstag à xy DM) vergütet werden. Zentral ist in diesem Ansatz die Forderung nach der Bewegung der Gewinn-Verlust-Rechnung. Nutzen kann die Bildung in dem Maße stiften, wie es ihr gelingt, bei gleicher oder zunehmender Qualität an drei Feldern zu optimieren, nämlich

a) betriebliche Kosten zu minimieren,
b) betrieblichen Output (Nutzen) zu erhöhen und
c) die „Durchlaufzeit" zu verkürzen.

In einem weiteren Schritt will ich schildern, welche Vorstellungen vom Nutzen betrieblicher Bildung die Nachfrager nach Bildung, die Trainer und das Management haben.

3. Wie wird Nutzen von Bildung verstanden?

Wann wird Bildung als erfolgreich betrachtet?

Während „Erfolg" meist mit dem Erreichen von individuellen Ansprüchen an eine Bildungsmaßnahme gleichgesetzt wird, geht „Nutzen" über diesen subjektiven Anspruch hinaus. Auf den individuellen *Erfolg* lassen sich die objektive Valenz (z. B. das Lernziel) und die subjektive Valenz (eigene Ziele) beziehen.

Wann wird Bildung als nützlich betrachtet?

Die abstrakte Valenz betrifft den *Nutzen* der Bildung, und es kann hier nach dem (monetären) Gegenwert von Bildung gefragt werden. Bildung ist hier (zweckgebunden) einsetzbar. Es kann nach dem Nutzen für den Einzelnen und für Andere gefragt werden. Wenn Bildung zu höheren Verdienstmöglichkeiten beiträgt, kann zwar gesagt werden, dass dies dem einzelnen Nutzen bringt, nicht notwendigerweise ist Bildung dadurch aber auch für den Betrieb erfolgreich.

Wann wird für Bildung bezahlt?

Wenn es um das Bezahlen von Bildung geht, bedeutet dies, dass zwischen einem Anbieter (Bildungswesen) und einem Empfänger (Kunde) ein Auftrag über eine Leistung zustande kommt. Dieser Vertrag impliziert, dass die Leistung sich monetär quantifizieren lässt und auf einer gegenseitigen Absichtserklärung der beiden Vertragspartner über das Produkt (Bildung) und seinen Gegenwert (Preis) basiert.

Ausgangspunkt für die folgenden Überlegungen ist, dass es innerhalb der drei Kontextsysteme (Kunde, Bildungswesen, Management) unterschiedliche Verständnisse über den Nutzen von Bildung gibt.[1] Die folgenden Darstellungen sollen deshalb zu mehr Transparenz über diese Wirklichkeitsvorstellungen führen, Gemeinsamkeiten feststellen und Anknüpfungsmöglichkeiten identifizieren, die einen Zugang zu „gemeinsam als wertvoll Erachtetem" bedeuten könnten.[2]

---

[1] Die folgenden Ausführungen basieren auf zahlreichen Interviews, die ich Anfang 1991 mit (Bildungs-) Kunden aus den Fachbereichen der Mercedes-Benz AG, mit Trainern des Bildungswesens und mit Personen aus dem Management der Firma geführt habe. Um die Komplexität zu reduzieren, habe ich diese in ihrem Wesentlichen Aussagegehalt zusammengefasst.

[2] Vgl. zur Diskussion um Wirklichkeitskonstruktionen u. a. Schmid (1987)

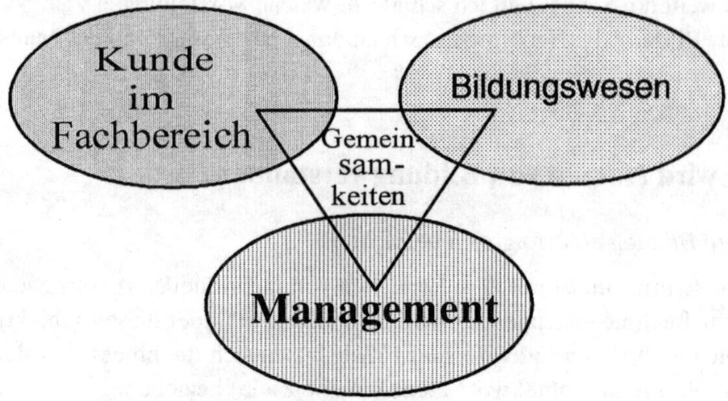

Abb. 3. Wirklichkeitskonstruktionen von Bildungsnutzen

3.1 Nutzen von Bildung aus der Sicht des Kunden (Nachfrager)

Der Kunde (Mitarbeiter und deren Vorgesetzte) fragt, ob die Bildungsmaßnahme dazu beitrage, das Gelernte in die Praxis zu transferieren, ob damit die Arbeit vereinfacht und optimiert werden könne, ob die Inhalte sofort umsetzbar seien, bzw. ob damit Projekte und Aufgaben besser geleitet und organisiert werden könnten. Diese Zielgruppen erwarten von der Bildungsarbeit die Unterstützung der Arbeitsabläufe durch die Integration des Gelernten und die Gewinnung von Handlungsfähigkeit, um Arbeiten auf dem erfahrenen theoretischen Hintergrund besser gestalten zu können. Unter Nutzen wird ein Beitrag zur Aufgabenbewältigung verstanden: „Bringt diese Bildungsmaßnahme die Abteilung bei der Bewältigung der zukünftigen Aufgaben weiter?"

Bildung muss dazu beitragen, dass durch die gewonnenen Lernimpulse an sich selbst (Mitarbeiter) und der Organisation gearbeitet werden kann. Von Bildungsleistungen wird erwartet, dass sie die Menschen in einer Organisation in die Lage versetzen, die Ressourcen zu nutzen, damit selbständig gehandelt werden kann. Durch Bildung sollen individuelle und organisatorische Interessen aufeinander abgestimmt werden, da sich sowohl das Individuum als auch das Unternehmen entwickeln will. An Bildung wird der Anspruch herangetragen, dass sie dazu beiträgt, dem Mitarbeiter neue Horizonte zu erschließen, und dass sie Verhaltensorientierungen für Situationen gibt, die sowohl individuell als auch für das Unternehmen nützlich sind. Bildung muss in die Lage versetzen, Sichtweisen anzubieten, die das Umfeld des Bildungsnachfragers sonst nicht verfügbar hat. Bildung soll den Blick für Situationen und Wege schärfen, die vielleicht andernfalls nicht transparent sind. Derartige Leistungen sind schwer zu quantifizieren. Der Kunde misst den Erfolg einer Maßnahme dabei u. a. an seinem subjektiven Gefühl, dass sich durch die Maßnahme etwas an seinem Verhalten in positiver, d. h. für ihn wahrnehmbarer bzw. erwünschter Richtung verändert hat.

Fokus der Betrachtung ist der antizipierte Nutzen, der sich später für den Mitarbeiter an seiner (vermeintlich) höheren Produktivität überprüfen lässt. Die Nutzendiskussion sollte deshalb immer auch am Menschen und seinen Zielen ansetzen. Hier müsste gefragt werden: „Wohin will der Mitarbeiter, und wie kann ich ihn durch Bildung dorthin entwickeln bzw. dahingehend unterstützen?“.

Schlüsselt man die Erwartungen des Kunden an den Nutzen der Bildung auf und stellt man die Frage, für welche Bildungsleistungen der Kunde denn bezahlen würde, so lassen sich hier sechs Hauptfelder feststellen: Die Seminargestaltung, das (lernökologische) Umfeld, „Sozialleistungen“, fachlich-inhaltliche Aspekte, der Transfer des Gelernten in die Praxis und die Qualität aller genannten Punkte. Bei dieser differenzierten Abklärung von Nützlichkeitsaspekten zeigt sich, dass der Kunde nicht nur – wie das zu erwarten gewesen wäre – für den Transfer von Bildung „bezahlen“ will; wichtig sind dem Nutzer darüber hinaus auch die anderen genannten Punkte („weiche Faktoren“). Zentral ist bei diesen Punkten die „Qualität“, die jedem Aspekt innewohnt.

Der Nutzen von Bildung, für den der Kunde auch bezahlen würde, wäre damit im Einzelnen bezogen auf die

a) *Seminargestaltung*: den individuellen Umgang mit Kundenwünschen, freundliche Behandlung, ausführliche Unterlagen, perfekte Ausstattung und Organisation, schnelle Bedarfsdeckung, ausführlichen Übersichtskatalog, individuelle Versorgung mit Lernmitteln und die Verfügbarkeit der Ansprechpartner,
b) *das (lernökologische) Umfeld:* soziale Kontakte, (sozial-)kompetente Führung im Kurs, freundliche Behandlung und die angemessene Lernatmosphäre,
c) die *Sozialleistungen:* es gibt etwas umsonst, Incentive, Entertainment,
d) *die fachlich-inhaltlichen Erwartungen:* Problemlösungen, Perfektionierung des Teilnehmers im Kurs: Fachkompetenz, Information über Einsatzmöglichkeiten, Erfahrungsaustausch,
e) *den Transfer:* individuelle, spezifische Problemlösung, Transfer am Arbeitsplatz, Lernen auf Vorrat, Beratung bei Problemen, After-sales-Service, Hilfe zur Selbsthilfe, und letztlich
f) *die Qualität* (aller genannten Punkte).

3.2 Nutzen von Bildung aus der Sicht des Beraters/Trainers im Bildungswesen (Anbieter)

Die Befragungen der Berater/Trainer (Fach- und Verhaltenstrainer) machen deutlich, dass diese vom Kundennutzen auszugehen und ihn mit ihrem eigenen Vorstellungen von Bildung ('Bildungsethos') zu verbinden versuchen. Den Beratern/Trainern ist es wichtig, dass die Teilnehmer in einer Bildungsmaßnahme eine Reihe von Verhaltensweisen kennenlernen und ausprobieren können, um so ihren Wissensstand zu erkennen und daraus Lernwege bzw. Ziele ableiten können. Wichtig erscheint dieser Gruppe die Verinnerlichung der Erfahrungen, wodurch in neuen

Situationen anders reagiert werden kann. Bildung dient dem Zweck, den Partizipierenden angemessener mit neuen Situationen umgehen lassen zu können.

Der Nutzen der qualifikationsorientierten Bildung kann darin liegen, durch den Nachweis des Erwerbs dieser Qualifikation den Zielgruppen mehr Sicherheit zu liefern. Sie sollen durch die rein formale Qualifikation bessere Möglichkeiten für ihre eigene Entwicklung bekommen. Vor allem Trainerinnen betonen, dass diese formale Bildung wichtig für die Akzeptanz von Frauen in Unternehmen sei.

Stellt man Beratern/Trainern die Frage, für welche Art von Bildung sie denn bezahlen würden, so antworten sie, dass sie ungern für etwas bezahlen, was sie selbst leisten können. Viele würden lieber für Erfahrungen, Experimentelles und Orientierunggebendes bezahlen. Diese Dimensionen seien aber oft nicht mit Bildung geichzusetzen, sondern eher mit „strategischer Orientierung". Die Trainer stellen mit der Nutzenfrage gleichzeitig die Frage nach dem Nutzen für die Abnehmer; mit diesem Nutzen der Schulung muss aus ihrer Sicht den Teilnehmern gegenüber argumentiert werden.

3.3 Nutzen von Bildung aus der Sicht des Managements

Das Management erwartet von der Bildungsarbeit, dass sie die Unternehmensziele unterstützt; den Nutzen von Bildung misst es an ihrem Beitrag zur Erfolgssicherung des Unternehmens. Handelt es sich dabei um innovative Projekte, so wird gefragt, ob diese sich zum Standard im Unternehmen entwickeln können, somit Synergien erzeugen und gleichzeitig Kosten sparen können. Maßstab des Erfolgs ist die Integration dieser Neuerungen, die sich aus entsprechenden positiven Rückmeldungen der nachfolgenden unteren Ebenen prüfen lässt. Der Erfolg wird daran gemessen, ob das Schulungsprogramm den jeweiligen Anforderungen am Arbeitsplatz gerecht wird.

Der Nutzen von Bildung hängt von den strategischen Zielen des Unternehmens ab. So wird argumentiert, dass das Bildungswesen einen hohen Nutzen bei der Moderation, Beratung und Begleitung wichtiger strategischer Projekte stiften könne. Neben diesen strategischen Feldern sieht das Management den Nutzen von Bildung in der Qualifizierung seiner Mitarbeiter, die in einem sinnvollen Zusammenhang mit Mitarbeiter- und Unternehmenszielen stehen muss. Qualifizierung muss dazu beitragen, dass der Organisation Lernhilfen bei der Bewältigung ihrer zunehmenden Flexibilität gegeben werden; zudem soll die Mobilität des Mitarbeiters gefördert werden.

4. Konsequenzen aus der Nutzenorientierung – „Geschäftsfelder"

Die Beziehung zwischen Bildungswesen und Fachbereichen gestaltet sich auf zwei Ebenen: „Markt/Angebot" (realisiert den Preis) und „Kunde/Nachfrage" (realisiert sein Bedürfnis). In einem internen Markt versucht das Management, den Unternehmensnutzen durch Zielvorgaben zu benennen; für den Kunden im Fachbereich können aus diesen strategischen Vorgaben die für ihn in seiner organisatorischen Einheit nützlichen Qualifikationen abgeleitet werden. Voraussetzungen für dieses Modell sind die Formulierung eines Unternehmensauftrags, die Bestimmung von Geschäftsfeldern, die Sicherung von Kompetenzen und die qualitative und quantitative Regulierung der Nachfrage durch Bildungsmarketing, Bildungsberatung und Bildungscontrolling.

Unter sich verändernden Rahmenbedingungen kann es eine der Zielsetzungen des Bildungswesens sein, sich zum Dienstleistungsbereich für die Fachbereiche des Unternehmens zu entwickeln. Die Einführung von Leistungszentren trägt gleichzeitig zu einer Kundenorientierung der Mitarbeiter im Bildungswesen bei. Sie müssen sich künftig verstärkt als Dienstleister verstehen, und ihre Leistungen werden konsequenterweise daran gemessen werden, inwieweit sie aus der Sicht der Fachbereiche Nutzen stiften. Eine wertschöpfungsorientierte betriebliche Bildung versucht, Bildungsleistungen zu erbringen, die nicht primär von den Vorstellungen über Bildung von seiten des Bildungswesens (Anbieter von Bildungsleistungen) ausgehen; es soll vielmehr in umgekehrter Weise eine Orientierung an den Wünschen der nachfragenden Kunden aus dem Fachbereich (Nachfrager) stattfinden.

Aus dem Selbst-Verständnis des Dienstleistungsbereichs leiten sich für die betriebliche Bildungsarbeit u. a. die Aufgaben- oder Geschäftsfelder „Beratung (Prozessberatung und -begleitung)“, „fachliche Weiterbildung“, „Ausbildung“, „Führungskräfteförderung“ und die „Bereichs- und Organisationsentwicklung“ ab.

4.1 Erstes Geschäftsfeld: Beratung (Prozessberatung und -begleitung)

Innerhalb des Handlungsfeldes Prozessberatung und -begleitung kann das Bildungswesen die Fachbereiche darin unterstützen, sich in den anstehenden Veränderungsprozessen mit den – zum Teil kontroversen – Herausforderungen auseinanderzusetzen und die eigenen Maßnahmen zielorientiert zu steuern. Beratung kann dabei in die drei Bereiche untergliedert werden:

- Beratung in Fragen der Personalentwicklung (persönliche Situation und Entwicklung; berufliche Entwicklung), Seminarwahl, Beratungsgespräche, Beraterwahl.
- fachliche Beratung im Bereich (Lernweggestaltung, Personalentwicklungs- und Förderungskonzepte, Führungsfragen), Gestaltung von Bereichsbildungsprogrammen, Nachwuchsentwicklungsprogrammen etc. und
- Prozessberatung und -begleitung (Veränderungsprojekte), Unterstützung in Team-, Bereichsstrategieentwicklung, Produkt- und Strukturprojekten.

4.2 Zweites Geschäftsfeld: Fachliche Weiterbildung

In der fachlichen Weiterbildung geht es um ein Angebot von Bildungsmaßnahmen, durch die die Mitarbeiter ihre Qualifikationen dem Wandel der Anforderungen anpassen können und tätigkeits- und situationsbezogen entsprechend dem Bedarf und ihren eigenen Fähigkeiten und Interessen lernen können. Die Schwerpunkte liegen im Bereich der Standardthemen aus Technik, Betriebswirtschaft, Datenverarbeitung, Sprachen und Arbeitstechniken. Der Handlungsbedarf für das Bildungswesen liegt u.a. im Bereich der Bedarfserfassung, der Bildungsfachberatung, des Bildungsmarketings und der Steuerung, der Abwicklung und der Evaluierung von Veranstaltungen.

4.3 Drittes Geschäftsfeld: Ausbildung

Die Vermittlung beruflicher Basisqualifikationen durch Berufsausbildung, Umschulung, Praktika und zielgruppenorientierte Maßnahmen ist Gegenstand der Ausbildung. Ziel ist es, vorausschauend und bedarfsorientiert Fachkräfte bereitzustellen. Die gegenwärtige Situation der Ausbildung im Betrieb ist gekennzeichnet durch eine breite und differenzierte Angebotspalette, eine Unsicherheit über qualitative und quantitative Erfordernisse der Einsatzbereiche, wechselhafte Handlungsspielräume durch gesetzliche und politische Vorgaben, die zunehmende Kosten-/Nutzendiskussion, eine geringe Mobilität und Flexibilität der Ausbilder und unzureichende Bedingungen für dezentrale Lernorte.

Diese Rahmenbedingungen machen es notwendig, die Kosten-Nutzen-Relation transparent zu machen und zu verbessern. Wichtig erscheint auch die Anpassung der Lernorganisation an die veränderte, dezentrale Arbeitsorganisation, die Vorbereitung der Auszubildenden auf neue Formen der Arbeitsorganisation, das Sicherstellen von Zugängen zu neuen Technologien, die Steigerung der Qualifikation und des Veränderungspotentials der Mitarbeiter im Bildungswesen und die Entwicklung und Realisierung von Personalentwicklungsmaßnahmen als Teil der Personalentwicklung.

4.4 Viertes Geschäftsfeld: Führungskräfteförderung

Konzeptionen zur Führungskräfteförderung müssen eine Reihe von Rahmenbedingungen berücksichtigen, die für die Planung relevant werden können. U. a. sind das die zunehmende Dezentralisierung (Center-Idee führt zur Übernahme von Bildungsarbeit durch Vorgesetzte, Qualifizierung von Center-Leitern), die Veränderung von Hierarchien (flachere und durchlässigere Linienhierarchien), steigende Kostenverantwortung (Bildungsbudget wird dezentralisiert, quantitatives Bildungscontrolling, Bildung wird „kalkulierbar“), zunehmende Bedeutung der Führung in Projekten (Projektmanagement), auftretende Spannungsfelder (Bildungsarbeit muss Spannungsfelder verdeutlichen wie: Vereinzelung vs. Teamarbeit, Leistungsverdichtung vs. Freiheits-/Freizeitsansprüche, zentrale Kontrolle vs. Selbstkontrolle, Abbau von Hierarchie vs. Erhaltung von Macht, Wert der eigenen Arbeit vs. Wert der Arbeit an sich, Elite vs. Basis) und die Integration von Personal- und Bildungsarbeit.

Für die Führungskräfteförderung bedeutet das, dass die Bildungsarbeit dazu aufgefordert ist, Foren für eine gesellschafts- und unternehmenspolitische Auseinandersetzung zu schaffen und den Dialog über die Unternehmenskultur und Wertfragen zu intensivieren. Führungskräfte müssen darüber hinaus stärker als bisher die Verantwortung für die Qualifizierung und Förderung von Nachwuchsführungskräften übernehmen. Neben den genannten Aufgaben wird sich die Bildungsarbeit deshalb zunehmend in den Feldern Potentialerkennungsmaßnahmen, Nachwuchs-Entwicklung, Coaching von Führungskräften und Internationalisierung von Führung engagieren müssen.

4.5 Fünftes Geschäftsfeld: Bereichs- und Organisationsentwicklung

Unternehmen, die sich in Umbrüchen befinden, benötigen neue, flexiblere Formen der Reaktionsmöglichkeiten auf Marktveränderungen. Die betriebliche Bildung muss mit dem Angebot der Bereichsentwicklung einen Beitrag leisten, die neuen Formen der Zusammenarbeit und der optimalen Aufgabenerfüllung zu erarbeiten und in die tägliche Praxis einzuführen. In den Kontakten mit den Fachbereichen soll deshalb in angemessener, aber deutlicher Weise auf die Möglichkeit der Unterstützung von Entwicklungsprozessen hingewiesen werden. Es ist die Absicht einer Bereichsbetreuung, die sich bietenden Anfragen und Gelegenheiten zur Begleitung von Entwicklungsprozessen aufzugreifen und im Hinblick auf die Gesamtentwicklung des Bereichs einzuschätzen und zu bearbeiten.

Bereichsentwicklung erbringt dabei u. a. die folgenden Leistungen:

- Prozessvorschläge (Termine, Arbeitsschritte, Methoden),
- Feed-back und Befähigung zu Vorgehenskritik (durch das Aufzeigen anderer und die Hinführung zu individueller Reflexion),
- Moderation von Prozessen (Schonraum für Problemerörterung bieten),
- die Schaffung neuer methodischer Zugänge zu Situationen und Personen,
- in schwierigen Situationen Vermittler- und Katalysator für andere sein und
- die Vermittlung und Hinzuziehung von – wo notwendig – Fachkompetenz.

Die Unterstützung von Bereichsbetreuungsprozessen sollte in der betrieblichen Bildung einen höheren Stellenwert bekommen. Wichtig erscheint deshalb die eigene Qualifizierung des Personals im Bildungswesen zur Begleitung von Entwicklungsprozessen im Bereich.

5. Ausblick

Gegenwärtig ist die betriebliche Bildungsarbeit durch eine Diskrepanz zwischen den durch das Management definierten strategischen Zielen und dem vom (operativen) Bildungswesen erwarteten Beitrag zu Erreichung dieser Ziele gekennzeichnet. Die im Makrokosmos (Management) gesetzten Ziele können vor allem in Großorganisationen offenbar nur schwer den operativen Ebenen im Mikrokosmos (u. a. Fachbereiche und Bildungswesen) vermittelt werden – die Umsetzung ist deshalb aufgrund dieser Unklarheiten in der Zielsetzung und des Umfeldes erschwert.

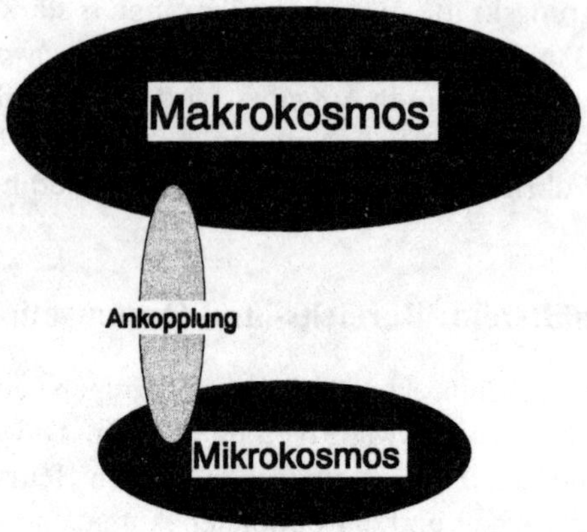

Abb. 4. Makro- und Mikrokosmos des Unternehmens

Wichtig ist es deshalb für das betriebliche Bildungswesen, die Ankoppelungsmöglichkeiten an die Kunden in den Fachbereichen und an das Management z. B. über die strategischen Unternehmensziele und die operative Umsetzung dieser Ziele in den Centern etc. zu suchen, um zu prüfen, ob die künftigen Bildungsinvestitionen auch gerechtfertigt sind. Überall dort, wo Geld für Bildung ausgegeben wird, muss unter den veränderten Rahmenbedingungen intensiver nach dem „Warum" gefragt werden. Die beabsichtigte Verhaltensänderung beim Management von Bildung versucht die Frage nach den „Kosten-Nutzen-Relation" stärker als bisher in den Mittelpunkt der Betrachtung zu rücken. Dies bedeutet für die betriebliche Bildung eine Abkehr vom „Verwalten und Verteilen" hin zum „Marketing und Verkauf".

Bildung als Planwirtschaft oder Marktwirtschaft?

Die betriebliche Bildungsarbeit steht vor der Alternative, Nutzen von Bildung unter dem Aspekt der „politischen Orientierung eines Unternehmens" oder der „marktwirtschaftlichen Gewinnerwirtschaftung" zu betrachten. Dies bedeutet auch, dass eine Zunahme an bezahlten Aufträgen nicht notwendigerweise mit einer Zunahme von funktionierenden Organisationseinheiten gleichzusetzen ist. Die Bedeutsamkeit grundsätzlicher Fragen wird hier oftmals übersehen. Es sollte deshalb auch Aufgabe der verantwortlichen Personen sein, neben Aktionismus das Fragen nicht zu vergessen und Bewusstheit darüber zu schaffen, ob die jeweiligen Aufgaben auch sinnvoll sind. Es ist eine Managementaufgabe, dafür zu sorgen, dass bestimmte Bereiche der Bildung innerhalb der Diskussion von Leistungszentren nicht nur unter klassischen Kosten-Nutzen-Gesichtspunkten betrachtet werden. Es wäre zu prüfen, ob für diese (strategischen oder bildungspolitischen) Aufgaben das Management als Auftraggeber auftritt.

In der Diskussion über die Neuorientierung betrieblicher Bildung kann zwischen einem sogenannten

- politischen Modell von Bildung (Planwirtschaft) und einem
- marktwirtschaftlichen Modell von Bildung unterschieden werden.

Beim *politischen* Modell wird davon ausgegangen, dass ein Unternehmen den Anspruch hat, personalpolitische Leitlinien u.a. durch entsprechende Bildungsmaßnahmen zu vermitteln. Bildungsarbeit steht hier in einem unmittelbaren Zusammenhang mit der politischen und sozialen Verantwortung für die Personalentwicklung (z.B. Führungskräfteförderung und Berufsausbildung). Unklar bleibt in diesem Modell, wer die politische Verantwortung für die Bildung übernimmt.

Das *marktwirtschaftliche* Modell orientiert sich ausschließlich an dem artikulierten oder beobachteten Bedarf der Kunden. Für einen Bildungsbedarf, den der Kunde äußert, werden entsprechende Angebote und Leistungen erbracht und entsprechend verrechnet. Eine unternehmenspolitische Grundlagenarbeit ist hier nicht vorgesehen und wäre schwierig zu bewerkstelligen. Die reine Qualifikationsorientierung steht im Mittelpunkt.

In beiden Modellen muss die Frage gestellt werden, wer als Nutznießer die Leistungen letztlich bezahlt. Im politischen Modell könnte hier die Unternehmensleitung auftreten; beim Marktmodell bezahlt der Entsender, d.h. der unmittelbare Nutzer von Bildungsleistungen. In der Realität zeigt sich, dass beide Bereiche eng miteinander vernetzt sind und das eine Modell nicht ohne das andere vorstellbar ist. Vor diesem Hintergrund ist es sinnvoll, die nutznießenden Fachbereiche bei unmittelbar qualifikationsorientierten Leistungen mit den Kosten der in Anspruch genommenen Bildungsmaßnahmen zu belasten.

Kritisch ist hier einzuwenden, dass mit der parallel dazu notwendigen Verlagerung des Bildungsbudgets in die Fachbereiche zu erwarten ist, dass einzelne Bereiche ihre Mitarbeiter – gerade unter zunehmendem Kostendruck – nicht mehr im gleichen Umfang durch Bildungsmaßnahmen zu fördern bereit sind. Für innerbetriebliche Veränderungs- und Entwicklungswünsche können die Qualifizierungskosten eine erhebliche Barriere darstellen. Andererseits kann durch diese Maßnahme das Kostenbewusstsein der Mitarbeiter im Bildungswesen und der Fachvorgesetzten erhöht werden. Die durch die Fluktuation verursachten zusätzlichen Qualifizierungskosten könnten zu einem erhöhten Verantwortungsbewusstsein der Vorgesetzten führen, sich wirkungsvoller um die beruflichen Entwicklungsperspektiven ihrer Mitarbeiter zu kümmern.

In einem nächsten Schritt wäre deshalb eine Klärung des Verständnisses von einer ganzheitlichen unternehmerischen Personalarbeit (Personal, Bildung, Organisation) notwendig.

Nutzenstiftende Themen der Zukunft

Neben den unter Punkt vier genannten Geschäftsfeldern muss es bei Themen der Zukunft Möglichkeiten geben, personal-, bildungs- und gesellschaftspolitische Aspekte aus den anderen Feldern aufzugreifen und hierzu exemplarisch Analysen, Gutachten und Trendberichte zu erstellen. Für diese Themen sollte Gelegenheit zu einer vertieften Behandlung und Diskussion gegeben werden. Die Bearbeitung grundlegender Themen soll durch geeignete Arbeits- und Denktechniken (Szenariotechnik, Chaosmanagement, systemisches Denken etc.) so unterstützt werden, dass eingefahrenes Denken relativiert wird, um Denkräume zu schaffen und neue Impulse zu gewinnen. Ferner sollte ein Arbeitsklima für Erneuerung geschaffen werden, um eingefahrene Vorgehensweisen in Frage zu stellen und so Innovationspotential für die eigene Arbeit zu gewinnen.

Übertragen auf die Wissenschaft und die Forschung hieße das, dass beispielsweise eine handlungsorientierte Wissenschaft, die ihre „Produkte" auf einem freien Markt verkaufen wollte, aufzuzeigen hätte, dass ihre Ergebnisse in der Lage wären, zu Handlungen zu führen, die betriebliche und gesellschaftliche (Entwicklungs-) Probleme lösen könnten. Die Tatsache, dass etwas noch nicht ist, schließt die Anregung, es zu denken, um daraus präventiv zu lernen, nicht aus – vor allem dann nicht, wenn aus diesem Nachdenken Nutzen erwartet werden könnte. Es ist sicherlich zweifelhaft, alles wissenschaftliche Handeln unter die Prämissen der freien Marktwirtschaft zu stellen, da durch die Aufgabe des Prinzips der Freiheit von Forschung und Lehre ein höherer Preis bezahlt würde, als Nutzen zu erwarten wäre.

Helmut Heid (1993) schreibt in diesem Zusammenhang im Editorial der Zeitschrift für Berufs- und Wirtschaftspädagogik unter der Überschrift *Wende in der Forschungspolitik?:*

> Wissenschaft ist ein eigener und kostspieliger Sektor gesellschaftlicher Praxis, der durchaus auf seinen gesellschaftlichen Nutzen befragt werden darf. Zuvor aber sollte die skizzierte Diskussion über die Bestimmung des Nutzenkriteriums und der Verfahren zur Nutzenberechnung seriös diskutiert werden. (S. 228)

Die Schwierigkeit, die die Frage, „... worin 'der' Nutzen wissenschaftlichen Handelns besteht oder bestehen kann" (Heid 1993, S. 226), aufwirft, schließt die Bemühung um die Beantwortung nicht aus. Betriebliche Weiterbildung, die Nutzen stiften will, muss *ergründen* und *begründen*, was Nutzen eigentlich ist. Theorie und Praxis sollten ein gegenseitiges Interesse an dieser Fragestellung haben. Ob dieser Austausch intensiviert wird, wird davon abhängen, wie *nützlich* er beiden Seiten erscheint.

> DER KURATOR: *Und was das Matrielle angeht: Machen Sie doch mal wieder was so Hübsches wie Ihren famosen Proportionalzirkel, mit dem man – er zählt es an den Fingern ab – ohne alle mathematischen Kenntnisse Linien ausziehen, die Zinseszinsen eines Kapitals berechnen, Grundrisse von Liegenschaften in verkleinertem oder vergrößertem Maßstab reproduzieren und die Schwere von Kanonenkugeln bestimmen kann.*
>
> *GALILEI: Schnickschnack.*
>
> DER KURATOR: *Etwas, was die höchsten Herren entzückt und in Erstaunen gesetzt hat und was Bargeld getragen hat, nennen Sie Schnickschnack. Ich höre, daß sogar der General Stefano Gritti mit diesem Instrument Wurzeln ausziehen kann!*
>
> GALILEI: *Wahrhaftig ein Wunderwerk! – Trotzdem, Priuli, Sie haben mich nachdenklich gemacht. (...)*

C
Systemisches Management

C. Systemisches Management

1. Einführung

Die von Ulrich in den 60er Jahren begründete St. Galler Managementlehre verfolgt einen integrierten und ganzheitlichen Managementansatz (vgl. Bleicher 1992; Malik & Stelter 1990), der sich kritisch mit der damaligen Betriebswirtschaftslehre auseinandersetzte. Kritisch wurde die einseitige Fokussierung auf Optimierungsansätze betrachtet und die Reduzierung der Problemstellungen auf rein wirtschaftliche Zusammenhänge. Das Denken von Ulrich kreiste um den Aspekt der Unternehmensführung und dessen Beitrag zur Lösung von organisationsspezifischen Problemen. Nach der Ansicht Ulrichs läßt sich Führung nicht auf Menschenführung reduzieren, sondern tangiert darüber hinaus die Gestaltung und Lenkung des Unternehmens in ganzheitlicher und interdisziplinärer Betrachtung. Der Ansatz einer wirtschaftswissenschaftlich ausgerichteten Betriebswirtschaftslehre wurde von der Systemischen Managementlehre abgelöst, der sich auch die Theorien und Ergebnisse der Grundlagenwissenschaften wie z. B. der allgemeinen Systemtheorie und der Kybernetik zu Nutze macht.

Managementlehre wird als „Lehre von der ganzheitlichen Führung von Institutionen" (Management Zentrum St. Gallen 1994, S. 10) verstanden, wobei „Management als das Gestalten, Lenken, und Entwickeln von zweckorientierten, sozialen Systemen" (S. 10) verstanden wird. Grundelemente des Modells sind die Anwendungsorientierung, die Systemorientierung, die mehrdimensionale Denkweise, die integrierende Denkweise und die Wertorientierung. Das Modell geht von vier Pfeilern aus, nämlich der (1) richtigen Lagebeurteilung, (2) einer gründlich durchdachten Unternehmensstrategie, (3) einer sorgfältig konzipierten Unternehmensstruktur und (4) einer leistungsorientierten und auf Wirksamkeit bedachten Unternehmenskultur.

Interventionen mit dem Ziel des Auslösens von Wandlungsprozessen erscheinen zwar schwierig, aber auf der Basis gründlicher Ausgangsszenarien, einer differenzierten Lagebeurteilung und klaren Management-Entscheidungen doch möglich zu sein. Durch die Orientierung an der systemorientierten Managementlehre versucht das Modell punktuellen und einseitigen Lösungen aus dem Weg zu gehen.

Die operativen Leistungen des Modells basieren auf einer Vernetzung der Aspekte:

- Management Consulting,
- Management Development,
- innerbetriebliche, unternehmensspezifische Management-Ausbildung und
- überbetriebliche, offene Management-Ausbildung.

Consulting im Sinne des Modells ist ganzheitlich und geht über das bloße Erteilen von Ratschlägen hinaus, da Führung als ein integraler Vorgang verstanden wird. Beratung von Führungskräften muss sich an ihren Ergebnissen messen lassen können, und dafür Verantwortung übernehmen. Fokus ist die Erarbeitung von tragfähigen Gesamtlösungen und nicht die Teiloptimierungen.

Management Development zielt auf die Beratung, das Training und die Betreuung in Fragen der Strategie-, Struktur- und Management-Entwicklung.

Bei der *innerbetrieblichen*, unternehmensspezifischen Management-Ausbildung und der *überbetrieblichen*, offenen Management-Ausbildung sind die Relevanz für die Problemstellung, die ganzheitliche Betrachtung der Zusammenhänge sowie die Qualität und die Kontinuität die Basis des Handelns.

2. Systemisches Management: Der St. Galler Ansatz

Im Folgenden soll das Managementkonzept der Universität St. Gallen vorgestellt werden. Da es einerseits sehr stark Bezug nimmt auf die aktuellen Veränderungen innnerhalb und außerhalb von Organisationen und sich andererseits durch den konsequenten Einbau des Systemgedankens von früheren Managamentansätzen deutlich unterscheidet, erscheint zur Darstellung der folgende Gedankengang sinnvoll:

1) Der fundamentale Wandel organisationaler Umwelten,
2) die Unangemessenheit bisheriger Wahrnehmungs-, Denk- und Handlungsweisen im Management und
3) der Paradigmenwechsel im Management: „Ganzheitliches Denken" und der Ansatz selbstorganisierender sozialer Systeme.

2.1 Der fundamentale Wandel organisationaler Umwelten

Die Kontexte, in denen Organisationen (über-)leben und handeln, sind in jüngerer Zeit von einer erheblichen **Dynamisierung und Komplexitätszunahme** geprägt. Dies bedeutet, dass die Einflüsse auf Organisationen wie auch die Auswirkungen organisationalen Handelns zum einen immer zahlreicher, stärker miteinander verkettet und von daher schwerer fassbar werden. Unternehmen dürfen und können sich heute bei ihren Entscheidungen nicht mehr ausschließlich an ökonomischen und technischen Größen orientieren; sie müssen beispielsweise auch Einflüsse aus den Bereichen Politik, Gesellschaft, Ökologie u. a. mitberücksichtigen. Andererseits – und das trifft Organisationen besonders stark – nimmt die Geschwindigkeit, mit der Veränderungen stattfinden, in ganz erheblichem Maße zu. Exemplarisch sind hier der technische Fortschritt, der sozio-kulturelle Wandel oder die globalen Märkte zu nennen.

Für die Menschheit erhebt sich somit generell die Frage, inwieweit beschleunigte und komplex gewordene Entwicklungsverläufe überhaupt noch vom Menschen beherrschbar sind. Institutionen (z. B. Organisationen im Bereich Wirtschaft) stehen vor vollkommen veränderten Anforderungen, von denen sie nicht wissen, ob und wie man ihnen begegnen kann.

2.2 Die Unangemessenheit bisheriger Wahrnehmungs-, Denk- und Handlungsweisen im Management

Wie oben schon angedeutet, war die organisationale Umwelt in früheren Zeiten nicht so komplex wie sie sich heute darstellt. Zugleich hat man bestehende Komplexität aber auch nicht in dem heutigen Maße gesehen und zugelassen. Das hauptsächliche und mithin einzig vorhandene Ziel, nämlich ökonomischer Erfolg, war über lange Zeit auf relativ einfachem und stabilem Wege zu erreichen. Den größten Komplexitäts- und daher Unsicherheitsfaktor sah man im Menschen und seinem Beitrag zur Erfüllung des Organisationsziels, d. h. die Komplexität sah man im Wesentlichen „von innen" auf die Organisation zukommen.

Auf Komplexität, innere wie äußere, reagierte man mit funktionaler Differenzierung (Arbeitsteilung) und dem Aufbau von Kontroll- und Verantwortungshierarchien. Man glaubte, dass mit der Spezialisierung der Arbeitskräfte auf Anforderungen bestimmter Umweltausschnitte und einer Integration dieser Spezialisten durch Koordinations- und Kontrollfunktionen der Vorgesetzten eine absolute Planbarkeit und Stabilität der Organisation möglich sei. Die Arbeitskräfte an der Basis galten lediglich als Ausführende, die den Anweisungen ihrer Vorgesetzten Folge zu leisten hatten (Reduktion von innerer Komplexität). Die eigentlichen „Macher" waren die Führungskräfte. Sie wurden als rationale Lenker angesehen, die mit der strategischen Ausrichtung des Betriebes und detaillierten Vorgaben von operativen Abläufen „alle Hebel in der Hand" hatten (Reduktion von äußerer Komplexität).

Aus heutiger Perspektive betrachtet – mit dem Wissen um die Probleme einer solch „bürokratischen Organisation" und aktuellen Veränderungen in der organisationalen Umwelt – erscheint dieses Organisationsmodell und der damit verbundene Managementansatz zunehmend dysfunktional. Dies zeigt sich insbesondere an drei Folgeerscheinungen, die sich mit fortschreitender Bürokratisierung eingestellt haben:

- Überstarke Innenkonzentration der Organisation (Vernachlässigung der Umwelt, mangelnde Flexibilität).
- Probleme mit der innerorganisationalen Integration (Mangelnder Zusammenhalt, „Jeder gegen jeden").
- Für den einzelnen Mitarbeiter: Gefahr der Entfremdung von Arbeit und Organisation (Mangel an kollektiven Sinnzusammenhängen und Identifikationsmöglichkeiten).

Was diese bisherige Managementkonzeption noch bis in unsere Tage so folgenreich macht, ist die Tatsache, dass sie in vielen Köpfen von Verantwortlichen weiterlebt und somit deren Handeln bestimmt. Gerade in krisenhaften Situationen ist es eine psychologisch verständliche Reaktionsweise, sich der neuen Komplexität zu verschließen und auf bisher bewährte Strategien zurückzugreifen. Dies ändert jedoch nichts daran, dass die alten Wahrnehmungs-, Denk- und Verhaltensweisen den veränderten Bedingungen vollkommen unangemessen sind.

2.3 Ein Paradigmenwechsel im Management: „Ganzheitliches Denken“ und der Ansatz selbstorganisierender sozialer Systeme

Die St. Galler Forscher haben es sich zur Aufgabe gemacht, mit ihrem Konzept zur systemorientierten Managementlehre einen Denkansatz bzw. Handlungsrahmen bereitzustellen, der den Übergang in eine neue Epoche des Managements weisen kann (Ulrich 1968; Ulrich & Krieg 1974; Ulrich & Probst 1988; Bleicher 1992; Götz 1994). Um zu verdeutlichen, wie sie sich den neuen Managertypus und dessen Umgang mit den veränderten organisationalen Bedingungen vorstellen, bedarf es zunächst einer Reihe von Definitionen.

3. Definitionen

- **Soziales System**

Ein soziales System ist ein sinngesteuertes Handlungssystem, d. h. es besteht aus Interaktionen/Kommunikationen/Entscheidungen, die sinnhaft miteinander in Beziehung stehen. Elemente des Systems sind nicht Personen, sondern deren Handlungen, die dem Systemzusammenhang zuzurechnen sind. Neben den Beziehungen der Systemelemente untereinander stehen insbesondere die Beziehungen des Systems als Ganzem zur Systemumwelt im Vordergrund. Bestimmte Informationen/Handlungen aus der Umwelt werden in das System aufgenommen (Konzept des offenen Systems), andere hingegen nicht (Systemgrenze); ebenso werden bestimmte Informationen/Handlungen an die Umwelt abgegeben. Gesteuert werden diese Austauschprozesse durch systemspezifische Sinn- und Ordnungsstrukturen (vgl. Luhmann 1985).

- **Komplexität**

Ein System wird umso komplexer, je größer die Vielzahl/Vielfalt seiner Elemente und deren Beziehungen zueinander ist und je dynamischer sich die Beziehungen der Elemente verändern können (Probst 1987). Da soziale Systeme „nicht-triviale Maschinen“ (von Foerster 1988) darstellen, die wegen interner Zustandsänderungen keine eindeutigen Input-Output-Kausalitäten zulassen, ist die Anzahl spontaner und nicht vorhersehbarer Zustandsänderungen besonders groß. Daraus folgt, dass sozialen Systemen eben durch diese Möglichkeit, verschiedene Zustände einnehmen bzw. unterschiedliche Verhaltensweisen zeigen zu können (= Varietät = Komplexität), ein natürliches Mindestmaß an Komplexität zu eigen ist.

Dem System gegenüber steht die Umweltkomplexität, d. h. die Vielzahl/Vielfalt der Zustände und Veränderungen außerhalb des Systems. Umweltkomplexität und Eigenkomplexität des Systems sind nicht unabhängig voneinander. Es besteht immer ein Komplexitätsgefälle (= eine Differenz) zwischen System und Umwelt: Menschen schließen sich in sozialen Systemen zusammen, um durch (sinngesteuerte) Grenzziehung und Selektion von Umweltinformation Umwelt-Komplexität zu reduzieren. Das bedeutet, dass die Umwelt potentiell immer durch höhere Komplexitätsgrade gekennzeichnet ist als das soziale System. Sollen soziale Systeme allerdings dauerhaft wichtige Funktionen in ihrer Umwelt erfüllen, müssen sie ein gewisses Maß an Umweltkomplexität zulassen und im Gegenzug eine bestimmte Eigenkomplexität aufbauen.

Demnach können soziale Systeme auf Umweltkomplexität in zweierlei Weise reagieren: Sie können sie abwehren, indem sie bestimmte Umweltinformationen für „unwichtig" erklären und sie einfach „übersehen". Diese Möglichkeit bietet sich vor allem in der Entstehungsphase sozialer Systeme an, oder aber bei Systemen, die nur sehr einfache Ziele verfolgen. Sie können auch Umweltkomplexität zulassen und versuchen, sich als System weiterzuentwickeln und auf höhere Komplexitätsstufen vorzudringen. Letzteres verlangt bereits eine gefestigte Systemidentität und die Bereitschaft zu Lernen und Veränderung.

- **Ordnung**

Der Mensch tendiert – ob als Individuum oder im Kollektiv – zur Ordnungsbildung in Wahrnehmung, Denken und Handeln. Seine eigene kognitive Komplexität ermöglicht ihm sowohl die Reduktion (Sensorische Prozesse) als auch die Produktion (Informationsverarbeitungsprozesse) von Komplexität und die Orientierung an selbstproduzierten Ordnungsrastern. Diese Ordnungsrahmen/-schemata bauen sich während der kognitiven und sozialen Entwicklung des Kindes in Auseinandersetzung mit seiner Umwelt nach und nach auf.

In sozialen Systemen müssen erneut Ordnungs- und Orientierungsmuster geschaffen werden, die die kollektive Wahrnehmung und das kollektive Handeln leiten können. Dabei ist zwischen einer strukturellen und einer symbolischen Ebene der Ordnungsbildung zu unterscheiden: An der Oberfläche von Systemen erscheinen Struktur und Verhalten als die ordnungsbildenden Phänomene. Sie können sich Veränderungen aus der Umwelt anpassen (Umweltoffenheit), allerdings immer nur bis zu einem gewissen Grad. Letzterer wird von den (symbolischen) Tiefenstrukturen des Systems determiniert. Es sind diese Tiefenstrukturen, die die Organisation des Systems bestimmen und letztlich seine Identität ausmachen (operationelle Geschlossenheit, Autopoiese).

- **Sinn**

Sinn bezeichnet die Verortung (oder: „Ein-Ordnung") von Tatsachen in einem Bezugsrahmen, sodass diese auf einem bestimmten Hintergrund Bedeutung erlangen (vgl. Neuberger 1994, S. 245; Bangert & Götz 1996). Jedes Individuum baut sich im Laufe seines Lebens seinen eigenen Bezugsrahmen auf und nimmt die Welt daher in stark idiosynkratischer Weise wahr. Dabei entsteht immer dann ein Problem, sobald verschiedene Individuen mit unterschiedlichen Bezugsrahmen ihr Handeln aufeinander abstimmen müssen. Dies kann nur über die neue Konstruktion eines gemeinsamen Bezugsrahmens geschehen; aus subjektivem muss sozial geteilter Sinn werden (vgl. Berger & Luckmann 1980). Mit Beginn dieses Prozesses (d. h. bereits bei jeder Interaktion) entsteht ein sinngesteuertes soziales System. Alle Informationen und Handlungen im Zusammenhang mit diesem System werden von nun an in den sozialen Bezugsrahmen eingeordnet. Der sozial geteilte Bezugsrahmen beginnt, die Wahrnehmung und Interpretation von und die Reaktionen auf Umweltinformationen durch die beteiligten Personen zu steuern.

- **Selbstorganisation**

Die entstehende Ordnung in Systemen, das Verhalten von Systemen und die Entwicklung von Systemen sind immer ein Resultat von Prozessen der Selbstorganisation. Die traditionelle Trennung in geplant-formelle Organisation und spontan-informelle Organisation und die Unterscheidung von scheinbar außerhalb des System stehenden Führern und relativ passiven Geführten greift zu kurz. Tatsächlich bestimmt nämlich jedes Organisationsmitglied mit allen seinen Handlungen, die – ob formell oder informell – dem Systemzusammenhang zuzurechnen sind, mit über den Kurs des Systems. Erst aus dem Zusammenwirken aller Teile, d. h. aller Handlungen innerhalb des Systemzusammenhangs, entsteht „die Organisation“, und alle entscheiden mit über ihr Schicksal (vgl. Probst 1987).

- **Management**

Management (Unternehmensführung) bedeutet Gestalten, Lenken und Entwickeln eines sozialen Systems (Ulrich & Probst 1988) und letztlich Bewältigung von innerer und äußerer Komplexität. Da soziale Systeme jedoch selbstorganisierende Systeme sind, kann Management nurmehr bedeuten, die für die Zielerreichung adäquaten Voraussetzungen für eine Selbst-Gestaltung, Selbst-Lenkung und Selbst-Entwicklung zu schaffen. Die Selbstorganisation allein führt nämlich nicht unbedingt von selbst zu einem Verhalten des Systems, das den Bedingungen und Anforderungen an ein solches System in unserer Kultur entspricht.

Management spielt sich gleichzeitig auf drei voneinander abhängigen Ebenen ab, der Ebene der normativen Führung (Übergeordnete Werte und Verhaltensnormen), der strategischen Führung (Längerfristige Ziele und Vorgehensweisen) und der operativen Führung (Bestimmung/Kontrolle laufender Aktivitäten).

4. Zusammenhänge

Befindet sich ein soziales System in Kontexten ständig zunehmender Komplexität und Dynamik, so muss es Mittel und Wege finden, diese zu bewältigen. Es ist im Grunde die ureigenste Existenzberechtigung von sozialen Systemen, **Komplexität** zu **bewältigen**: Die Unmenge an Umweltinformation, die an die Grenze eines Systems trifft und es zu überfordern droht, muss gefiltert werden; gefiltert werden daraufhin, was im System „Sinn macht". **Sinn** ist gleichzeitig das Selektionskriterium für die Aufnahme von Information und für deren Transformation in Handlung. Sinnstrukturen gleichen einem Ordnungsraster (oder „Weltbild"), das zur Komplexitätsbewältigung beiträgt. Der Mensch und daher auch ein aus Menschen bestehendes Kollektiv ist nur fähig zu handeln und zu leben, wenn ihm sein Handeln nicht „unsinnig" vorkommt, wenn er im „Chaos Welt" **Ordnung** und **Orientierung** findet, selbst wenn diese Ordnung nur selbstgebastelt und letztendlich imaginär ist. Von daher ist Sinn nichts Statisches und von außen Vorgegebenes. Sinn muss – ob bewusst oder unbewusst – ständig neu zwischen den Mitgliedern eines Systems, die ihre Vorstellungen und ihr Handeln ins System einbringen, ausgehandelt und (re-)produziert werden.

Komplexität zu bewältigen meint hier nicht die Abwehr von Komplexität etwa durch simplifizierende „Sinnbarrikaden" und auch nicht unbedingt nur Reduktion von Komplexität. Komplexitätsreduktion ist in Fällen angebracht, wo es um die rationelle Erreichung bekannter Ziele auf bekannten Wegen geht, nicht aber bei Neuem und Unbekanntem (vgl. Ulrich & Probst 1988, S. 63). In letzterem Falle erscheint es zunächst eher ratsam, Komplexität zu erhöhen. Denn der **Aufbau von Eigenkomplexität** als Gegengewicht zur Komplexität der Umwelt darf sich nicht von der Umweltkomplexität abkoppeln, sondern muss „anschlussfähig" bleiben.

Am Beispiel der bürokratischen Organisation bedeutet dies:

Die traditionelle Organisation tayloristischer Machart befand sich zu ihrer Anfangszeit in einer Lage, die durch geringe wahrgenommene **Aussenweltkomplexität** und hohe wahrgenommene **Innenweltkomplexität** gekennzeichnet war (s. oben). Zum erklärten Ziel wurde die Reduktion der Innenweltkomplexität durch Maßnahmen der funktionalen Differenzierung, der Hierarchiebildung und der Formalisierung. Was damit geschaffen wurde, war aber nicht eine Organisation von höherer (Eigen-)**Komplexität**, sondern lediglich eine Organisation von höherer **Kompliziertheit**. Es entstand „eine große Anzahl von Teilen ... von sehr großer Unterschiedlichkeit" (Probst 1987, S. 29), aber keine „Vielzahl/Vielfalt der Teile und ihrer Beziehungen".

Die Leistungen eines solchermaßen „verkomplizierten" Organisationssystems führen zum einen nur scheinbar in die gewünschte Richtung. Die Innenweltkomplexität, d. h. die Varietät der Mitgliederhandlungen, wird – ganz in analytischer Denktradition – aufgeteilt in ein streng reglementiertes und daher einigermaßen überschaubares „**formelles System**" (= rational geplante und vom Management kontrollierte Strukturen und Prozesse in Ausrichtung auf die Organisationsziele) und in ein möglichst weit zurückgedrängtes „**informelles System**" (= spontane Aktionen und Interaktionen der Organisationsmitglieder zur Befriedigung ihrer persönlichen und sozialen Bedürfnisse). Unberücksichtigt bleibt dabei, dass freilich auch weiterhin sowohl formelle als auch informelle Handlungen der Mitglieder zusammen die Innenweltkomplexität der Organisation ausmachen. D. h. obwohl diese Komplexität nun zwei nur scheinbar voneinander unabhängigen Bereichen zugeordnet wurde, ist sie für die Organisation trotzdem noch als Ganzheit vorhanden! Der dabei freilich unabsichtlich erzielte Effekt ist nur, dass mit der künstlichen Unterscheidung zweier solcher Subsysteme und der Unterdrückung des einen, nämlich des informellen Systems, seitens der Organisation kontrakulturellen Tendenzen Tür und Tor geöffnet werden. Der tayloristischen Organisation gelingt es folglich nicht nur nicht, den Verhaltensreichtum der Mitglieder einzudämmen, sondern sie provoziert geradezu, dass diese Varietät von Mitgliederseite gegen die Organisation selbst eingesetzt wird.

Zum anderen baut die traditionelle Organisation implizit auf einer verhängnisvollen Voraussetzung auf: Auf einer hohen Stabilität und geringen Komplexität der Außenweltbedingungen. Ihr System ist vollkommen auf die Koordination und Kontrolle der Innenweltkomplexität zugeschnitten. Diese starke Innenkonzentration erweist sich als ein Circulus vitiosus, denn die zunehmende Standardisierung und Formalisierung der Tätigkeiten bewirken eine größere Entfremdung der Mitarbeiter. Um deren Leistungen deshalb noch stärker kontrollieren und überwachen zu können, bedarf es wieder einer verschärften Standardisierung und Formalisierung, usw. Auf diese Weise kann eine ganze Organisation ständig damit beschäftigt werden, Freiräume einzuschränken (Vorgesetzte) und Freiräume zu verteidigen bzw. neu und im Widerspruch zu den Organisationserfordernissen, zu erschaffen (Mitarbeiter). Was sie dabei völlig vernachlässigt, ist ihre eigentliche Aufgabe, nämlich die Umwandlung eines Inputs aus der Umwelt in einen Output in die Umwelt. Dazu ist es jedoch unabdinglich, die relevante Umwelt im Auge zu behalten, denn sie verändert sich ständig.

Erst die gravierenden ökonomischen Folgen einer angewachsenen Umweltkomplexität und -dynamik offenbaren der traditionellen Organisation heute – lange nach den eigentlichen Versäumnissen – ihre eigene Blindheit bezüglich der Außenweltseite. Paradoxerweise muss man heute einsehen, dass genau jene Komplexität, die man so lange und doch erfolglos zu unterbinden versuchte, die Innenweltkomplexität, dringend zum Aufbau von Eigenkomplexität benötigt wird. Denn um der Außenweltkomplexität/-dynamik ein entsprechendes Gegengewicht entgegenzusetzen, braucht es die Verhaltensvarietät und -flexibilität der arbeitenden Menschen. Während das Credo der traditionellen Organisation lautete, Innenweltkomplexität zu reduzieren, ist die moderne Organisation dabei zu erkennen, dass Innenweltkomplexität zugelassen werden muss, um als Organisation über dadurch bedingte Steigerungen der Eigenkomplexität Anschluss an gestiegene und beschleunigte Außenweltkomplexität zu gewinnen.

Zu diesem Zweck gilt die Umstellung auf dezentralisierte, selbststeuernde und funktional redundante Organisationsformen heutzutage als Mittel der Wahl. Arbeiten Menschen in Gruppen, die einen relativ großen Handlungsspielraum besitzen und ein breites Spektrum an Qualifikationen aufweisen, kann daraus eine Vielzahl/ Vielfalt der Teile und ihrer Beziehungen (= Eigenkomplexität) resultieren.

> Wenn man Management als ein Wechselspiel zwischen komplexitätsverkleinernder Stabilisierung und komplexitätserhöhender Veränderung betrachtet, so ist es unter den gegebenen Umständen geboten, wieder mehr Komplexität zuzulassen, um so über die Entwicklung neuer Strukturen Anschluß an die Umweltveränderungen zu bekommen. (Bleicher 1992, S. 23)

Diese neuen Erkenntnisse und die damit verbundenen Veränderungen organisationaler Strukturen führen – wenn sie konsequent zu Ende gedacht werden – auch zu einer veränderten Rolle und Funktion des Menschen in der Organisation und damit zu einem gewandelten Menschenbild. Nur der Mensch ist fähig, vielfältigste Arten von Informationen aufzunehmen, kreativ zu verknüpfen und flexibel darauf zu reagieren. Der Mensch versteht es, mit Ungewissheit umzugehen und einzelne Dinge in größere Sinnzusammenhänge einzuordnen. All das kann in Organisationen zur Entstehung von Ordnung und Bewältigung von Komplexität beitragen, was nicht gleichzusetzen ist mit Komplexitätsbeherrschung.

Dies anzuerkennen bedeutet gleichzeitig eine Verlagerung des Managementschwerpunktes:

> Das kritische Erfolgspotential in Organisationen stellt heute nicht mehr die Technik, sondern der Mensch dar. Somit muß die ökonomisch-technische Rationalität von einer ökonomisch-sozialhumanen abgelöst werden. Die Einsicht, daß das Ökonomische vom Sozialen getragen und bewegt wird, muß realisiert werden. (Bleicher 1992, S. 31)

Vor diesem Hintergrund kann der Brückenschlag zum Verständnis der **Selbstorganisation** in sozialen Systemen gelingen (vgl. Probst 1987). Wenn jeder Einzelne Mensch ein kleiner Ordnungsstifter ist, der durch die Welt läuft und versucht, wahrgenommene Information sinnvoll zu ordnen und entsprechend zu handeln, dann ist jedes Mitglied eines Kollektivs bzw. eines sozialen Systems ein kleiner Mit-Organisator. Es trifft eben gerade nicht zu, wie man in früheren Führungs- und Managementkonzeptionen glaubte, dass es einen oder wenige große „Macher" gibt, die über die Zukunft des ganzen Systems bestimmen können. Vielmehr ist es das gestaltende Zusammenwirken der Teile, das die resultierende Ordnung zustandekommen lässt. Und da jedes Organisationsmitglied mit seinen Handlungen zum System dazugehört, spricht man von „Selbstorganisation".

- Alle Organisationsmitglieder gestalten die Organisation kontinuierlich mit (Selbstorganisation).
- Vielfältige Einflüsse wirken in immer größerer Vernetztheit und Geschwindigkeit auf die Organisation ein (Umweltkomplexität und -dynamik).
- Umgekehrt wirkt die Organisation als Ganzes – ob sie es möchte bzw. überhaupt wahrnimmt oder nicht – auch in vielfältigste Umweltzusammenhänge hinein.

Wenn eine Führungskraft diese Einsichten in sein Denken aufnimmt und in Handlung umsetzt, könnte man ihn als „ganzheitlich denkenden" Manager bezeichnen.

Wenn sich ein soziales System aber nun selbst organisiert, wozu braucht es dann überhaupt noch den Manager? Ist es nicht sinnlos zu intervenieren, wenn man sowieso nicht vorhersagen kann, wohin eine einzelne Intervention führen wird?

Wenn ein System vielfältige Verbindungen zu seiner Umwelt unterhält, bedeutet das noch nicht, dass es (in gewissen Grenzen) nicht steuerbar wäre. Allerdings obliegt eine gezielte Entwicklung niemals einer Person allein; beteiligt ist – ob bewusst oder unbewusst – immer das gesamte System. Von daher ist ein Wechsel vom technokratischen Führungsverständnis hin zur „lateralen Kooperation" angezeigt. Der Manager muss anerkennen, dass sich organisationales Agieren und Reagieren im Entstehen von spontan-kollektiven Ordnungen vollzieht, die er nur indirekt beeinflussen kann (vgl. die Unterscheidung von „konstruktivistisch-technomorphem" und „systemisch-evolutionärem Management" nach Malik 1992, S. 62ff.).

Zum einen kann er seine Mitarbeiter über ein qualifiziertes Human Resource Management „fitmachen" für den Umgang mit Unsicherheit und Komplexität sowie für lebenslanges Lernen. Sie müssen nicht nur davon in Kenntnis gesetzt werden, welche (wichtige) Rolle sie in der Organisation einnehmen, sondern sie müssen – bei allen Vorteilen, die eine zugestandene (Teil-)Autonomie für die Mitarbeiter hat – auch die Verantwortung für diese Rolle übernehmen. Denn sie sind es letztlich, die die Umweltkomplexität auffangen und neue systeminterne Strukturen hervorbringen müssen. Zum anderen ist es sinnvoll und angebracht, Rahmenbedingungen zu schaffen, die den Mitarbeitern diese Aufgabe so leicht wie möglich machen und eine Integration ihrer Handlungen im System erlauben. Strategie, Struktur (als „Oberflächenstruktur") und Kultur (als „Tiefenstruktur") müssen ein sinnvolles Ganzes abgeben, wenn Ordnung und Entwicklung gelingen sollen.

Insgesamt wandelt sich die Rolle des Managers vom „Macher" hin zum **Rahmen- und Prozessgestalter**, der Entwicklungsvoraussetzungen optimiert, zum **Unternehmer**, der Kreativität und Innovation anregt, und zum **Coach**, der persönliche Unterstützung und Beratung anbietet.

Die Merkmale, die den ganzheitlichen Manager im Einzelnen auszeichnen, sind (vgl. Probst 1987):

- Ausdehnung des Denkens über Raum (systemische Perspektive) und Zeit (evolutorische Perspektive),
- konstruktivistische Sichtweise: Probleme sehen aus verschiedenen Blickwinkeln unterschiedlich aus,
- vernetztes Denken (Denken in Mustern) und Denken in Kreisläufen (statt linear/kausal-analytischem Denken),
- Erkennung und Annahme von Komplexität und Dynamik,
- Kombination von analytischem Denken (Betrachtung der Teile) und synthetischem Denken (Betrachtung des Ganzen und der Funktion der Teile),

- Verschieben von Denken/Handeln nach vorne auf der Zeitachse (Früherkennung zukünftiger Entwicklungen sowie flexible Reaktion auf gegenwärtige Ereignisse),
- Intuition für und Simulation von zukünftigen System-Umwelt-Szenarios (kombiniert mit dem Wissen über die Selbstorganisation sozialer Systeme),
- Schaffung von Kontexten für die Selbstorganisation der Teile; Bemühen um Integration ins Ganze,
- Herbeiführen von Veränderungen aus dem System heraus (weitgehende Autonomie der Teile, interaktiv-kooperative Führung),
- Heuristisch-qualitative Problemlösemethoden bei komplexen Problemen; indirekte Eingriffe über Kultivierung des Kontextes,
- Besinnung auf die jeweilige Ebene der Gestaltung/Lenkung,
- Förderung der Lern-/Entwicklungsfähigkeit sozialer Systeme (Reflexion, Perspektivenwechsel, Zielredefinitionen usw.),
- Lernbereitschaft bei Neuem und Ver-Lernbereitschaft für Hinderliches.

5. Zielvorstellungen für die Gestaltung der Arbeit mit Führungskräften

Aus den Ausführungen leiten sich einige Ziele für die Arbeit mit Führungskräften ab. Es geht vor allem um die folgenden Punkte:

5.1 Sicherung der Überlebensfähigkeit des Unternehmens ...

- ➪ durch Gestaltung eines Raumes, in dem Führungskräfte sich ein angemessenes Organisationsbewusstsein erarbeiten,
- ➪ durch bewussteren Umgang mit Zielsetzungen, Rahmenbedingungen, Strukturen und Spannungsfeldern und
- ➪ durch Verhaltensvielfalt als Antwort auf die Anforderungen einer komplexer wahrgenommenen Umwelt.

5.2 Bildungsdesigns müssen versuchen, den Raum so zu gestalten, dass sich ...

- ➪ ein Erforschen von sozialen Systemen (Person, Gruppe, Organisation) als Effekt ergibt und Führungskräfte ihre Analyse- und Diagnosefähigkeit erweitern, sowie Struktur-, Prozess- und strategische Kompetenz entwickeln und
- ➪ prozessbegleitende Selbstreflexion sich als Effekt institutionalisiert und Führungskräfte sich umweltorientiert selbst steuern und damit Führung stetig neu definieren.

5.3 Erforschen von sozialen Systemen (Analyse- und Diagnosefähigkeit) ...

- durch Berücksichtigung von Beziehungen,
- durch Verstehen der Dynamik von Beziehungsprozessen: Beachtung von Interdependenzen, von Nebenwirkungen, Mehrfachwirkungen, Schwellenwerten, Umkippeffekten, exponentiellen Entwicklungen, negativen und positiven Rückkoppelungen,
- durch Verstehen von sich selbst generierenden Gesetz- und Regelmäßigkeiten in sozialen Systemen, von selbstorganisierenden Ordnungsprozessen, und
- als sich laufend erschließender Prozess komplexeren Organisationsverständnisses: „verstehen, was passiert".

5.4 Ordnungsprozesse als interaktive Prozesse begleiten lernen (Struktur- und Prozesskompetenz) ...

- indem sich der Manager als Teil des Systems begreift, der vom gestaltenden und lenkenden System nicht zu trennen ist und dessen Beitrag zur Entstehung einer angemessenen Ordnung gleichgestellt ist mit den Beiträgen der Mitarbeiter (Hierarchiedenken vs. Heterarchiedenken),
- indem gestaltende und lenkende Funktionen in allen Teilen des Systems wahrgenommen und gefördert werden,
- indem Veränderungsimpulse gesetzt werden über die Wahrnehmung und Prüfung von Denkvorstellungen, tragende Verhaltensprinzipien, Beziehungsnetzen, Machtgefügen, materiellen und immateriellen Vorteilen, Regeln, Mustern, Ordnungszusammenhängen.

5.5 Lernprozesse (Anpassungs- und Entwicklungsprozesse) begleiten lernen ...

- da interne und externe Veränderungen ein kontinuierliches Gestalten, Lenken und die Ermöglichung von Entwicklung erfordern, was ein kontinuierliches gemeinsames Reflektieren, Experimentieren und Verändern voraussetzt; weiterhin
- um Kontexte zu schaffen, in denen Lernprozesse gefördert werden,
- um Impulse zu geben für einen sich aus dem System generierenden Lernprozess (Lernen lernen) zur Förderung der Verhaltensvielfalt,
- um Rückmeldeprozesse zu initiieren und
- „bewusst zu machen und zu verstärken was passiert".

5.6 Führungsaufgaben stetig „neu“ definieren ...

- als Auseinandersetzung mit internen und externen Anforderungen,
- als Auseinandersetzung mit eigenen Erwartungen, Befürchtungen, Macht- bzw. Ohnmachtgefühlen.

5.7 Abschiednehmen von liebgewordenen Denkgewohnheiten wie z.B. ...

- dem Mythos des rationalen, absichtsvollen steuernden Managers, der „von außen“ das System mit Distanz wahrnimmt und gestaltet, der Ordnung implementiert und garantiert,
- dem Gedanken, dass soziale Systeme einer trivialen Maschine gleichen könnten, bei denen Input-/Output-Beziehungen definiert werden können und damit Ergebnisse (Ziele) sozialer Prozesse vorhersagbar wären,
- dem Denken in kausalen Steuerketten und damit der Suche nach wenigen konkreten und kausalen Regeln, die effizientes Verhalten, Führung ausmachen,
- der Vorstellung, dass „organisierte Ordnung“ den komplexen Anforderungen der Wirklichkeit gewachsen sein könnte und
- der Meinung, dass Eingriffe auf der Sachebene effizient wären (Durchregieren, Jumbosachbearbeiter).

Statt dessen sollte ...

- der Führungsstil und das Führungsverhalten unter dem Aspekt diskutiert werden, ob er/es Verhaltensvielfalt als Anforderung einer komplexer wahrgenommenen Umwelt produziert oder reduziert,
- eine Integration verschiedener Ebenen und Elemente in Entscheidungsprozesse (Partizipation: Jeder hat einen Beitrag zu leisten und besitzt Fähigkeiten, Einsichten etc.) forciert werden,
- die Förderung von Interaktionsprozessen und die Nutzung der entstehenden Potentiale zentral sein,
- ein kontinuierliches oder periodisches Überprüfen der Interaktionsprozesse und der Wahrnehmung der Prozesse standardisiert werden, genauso wie die Reflexion von Mustern und deren Bedeutung für die Entwicklungsfähigkeit von Systemen,
- Offenheit und Toleranz gegenüber abweichenden Meinungen, Kritiken, Konflikten, Experimenten, Fehlern, Mehrdeutigkeit zugelassen werden,
- das Einbringen neuer Perspektiven, Wege, Mittel und Verhaltensmöglichkeiten gefördert werden,
- einem Denken in Chancen und Möglichkeiten statt in Gefahren und Misserfolgen entsprechender Raum gegeben werden und

➪ die Institutionalisierung von Frühwarnsystemen, periodische Umwelt-, Unternehmungs- und Werthaltungsanalysen ausgebaut werden.

6. Einige Aussagen über Soziale Systeme: Person, Gruppe, Abteilung, Organisation

Die neuere systemtheoretische Diskussion geht weg von der Vorstellung, endgültige Wahrheiten zu erreichen; man geht eher davon aus, vorläufige Wahrheiten zu erhalten. Die Mitarbeiter sollen als Personen und in ihren sozialen Kontexten gesehen werden. In diesem Kontext sind Geld, Macht, Wissen etc. 'Kommunikationsmedien'. Heute stehen wir vor der Situation, dass die mannigfaltigen Vernetzungen und Komplexitäten dazu führen, dass Unternehmen nur sehr schwer (oder gar nicht) verstehen, was außerhalb ihrer Grenzen läuft (Werte, Wissenschaft, Schule etc.). Es wird nicht mehr verstanden, was in der Umwelt passiert.

Es gibt eine Realität hinter der Person, die als Kommunikation (doppelte Realität) gekennzeichnet werden könnte. Probleme tauchen dann auf, wenn die Regeln der Kommunikation verletzt werden. Organisationen sind komplexe Systeme, die im Prinzip von außen nicht mehr durchschaubar sind. Es müssen also andere Formen der Führung als die bekannten entwickelt werden, die von den Prinzipien der Innovation und der Selbstorganisation ausgehen. Selbstorganisation geht davon aus, dass in Organisationen eine Unmenge an Erfahrungen vorhanden sind, die nicht genutzt werden. Einem Berater muss es gelingen, die vorhandene Kompetenz hinsichtlich des Initiierens von Entwicklungsprozessen zu fördern. Es müssen von einem (externen) Berater Rahmenbedingungen des Systems gesehen werden, um das System durch Reflexion zu entwickeln. Die Entwicklung dieser Aspekte soll durch die Reflexion als eigene Aufgabe gesehen werden.

Ein auf Veränderung ausgerichteter Berater fragt nach der Logik und den Regeln, nach denen der Markt und die Organisationen funktionieren. Jedes soziale System reagiert zu jeder Zeit unterschiedlich und es kommt in diesem Zusammenhang darauf an, nicht nur Details, sondern Rahmenbedingungen zu verändern, damit das System selbst handeln kann. Ein Berater ist damit Distanzierer und Katalysator. Der Berater muss die Ziele der Beratung selbst definieren. Hinter den Zielen stehen immer Probleme. Es muss ergründet werden, was eigentlich das Problem ist, das hinter dem artikulierten Ziel steht. Probleme dürfen nicht übernommen werden, der Berater muss über ihnen stehen. Ziele müssen deshalb in Probleme umdefiniert werden.

Der Berater muss darauf achten, dass die Rückmeldungen über sein intervenierendes Handeln mit der Wertestruktur des Unternehmens kompatibel sind. Letztlich wollen Unternehmen Lösungen umsetzen und nicht an Problemen arbeiten. Die Umsetzung kann jedoch nicht vom Berater geleistet werden, dies muss das System selbst tun. Der Berater kann aber die Bedingungen dafür schaffen, dass gerade dies möglich wird (vgl. Willke 1992, S. 17–42).

Es geht um eine andere Sichtweise der Dinge.

Idealtypisch würde ein Beratungsprozess folgende Stufen umfassen:

1) Aushandeln der Problemdefinition,
2) Modell des Klientensystems erstellen,
3) Planung von angemessenen Interventionsstrategien,
4) Begleitung des Prozesses der Veränderung,
5) Abschluss dann, wenn der Berater den Eindruck hat, dass er selbst überflüssig ist.

In der Organisationsberatung kommt es also darauf an, aus einem Spiel, das ich nicht kenne, die Spielregen herauszufinden (z. B. Baseball).

➪ Soziale Systeme sind offen für Impulse und Rahmenbedingungen.

➪ Rahmenbedingungen sind dynamische Strukturen, die sich durch Impulse verändern.

➪ Soziale Systeme reagieren auf Impulse und Rahmenbedingungen – sie können nicht *nicht* reagieren.

➪ Soziale Systeme sind geschlossene Systeme: Ihr Verhaltensmöglichkeiten sind vielfältig, aber begrenzt.

➪ Die Fähigkeit der Wahrnehmung ist die Fähigkeit eines geschlossenen Systems – es konstruiert seine Wirklichkeit.

➪ Mit welcher Reaktion aus ihrer internen Verhaltensvielfalt soziale Systeme reagieren, bleibt ihnen überlassen – sie sind autonom.

➪ Die Art ihrer Reaktion ist auch Ausdruck ihrer Geschichte, Ausdruck vergangener Reaktionen, Interaktionen – sie lernen.

➪ Reaktionen von sozialen Systemen sind bewusst und unbewusst.

➪ Soziale Systeme sind selbstreflexiv; sie können die ihnen bewussten Reaktionen steuern. Selbststeuerung ist eine Antwort auf Impulse und Rahmenbedingungen – es gibt keine Nicht-Selbststeuerung.

➪ In den nicht bewussten Reaktionen unterliegen soziale Systeme einem ihnen innewohnenden Steuerungsmechanismus: „Es steuert sie" – auch das ist Selbststeuerung.

Soziale Systeme sind operationell geschlossen und damit autonom

➪ Jedes Verhalten des Systems wirkt auf seine internen Zustände zurück und wird zum Ausgangspunkt für weiteres Verhalten.

➪ Die internen Beziehungen bestimmen, was das System tut, was ihm wichtig erscheint, wie es sich wandelt; es produziert sein Sein, Werden und seine Entwicklung selbst.

➪ Soziale Systeme haben die Freiheit, sich ihre Welt selbst zu schaffen. Das Subjekt ist somit entscheidend an der Schaffung seiner nur scheinbar objektiven Wahrnehmung beteiligt.

Soziale Systeme sind autonom und abhängig

- Soziale Systeme sind offen gegenüber Energie, Materie und Information.
- Das Geschehen im System wird je nach Zustand durch Signale aus der Umwelt beeinflusst. Wie sich ein System verhält, welche Entscheidungen es trifft, hängt von ihm selbst, seinem Interaktionsmuster und seiner Geschichte ab. Über Rückkoppelung erfährt das System, was „erreicht" und was „nicht erreicht" worden ist und erhält damit Orientierung für weiteres Verhalten.
- Soziale Systeme in einer sich ständig auf nicht vorhersehbare Weise ändernden Umwelt bedürfen konstanter, vielfältiger Anpassungen, um zu überleben, lebensfähig zu bleiben und sich zu entwickeln.

Soziale Systeme sind komplex

- Das Verhalten von sozialen Systemen ist von der Vergangenheit abhängig.
- Die internen Zustände beeinflussen sich selbst, sie wirken auf sich selbst zurück.
- Externe Einflüsse wirken auf interne Zustände und bewirken Verhalten.
- Verhalten wirkt auf die Umwelt.
- Das Verhalten kann weder aus den internen Zuständen noch den externen Einflüssen abgeleitet werden; es ist nicht vorhersehbar.
- Verhalten von sozialen Systemen ist analytisch unbestimmbar.

Soziale Systeme besitzen Gestaltungs- und Lenkungspotential in allen Teilen, auf allen Ebenen

- Mehrere Teile des Ganzen sind befähigt, dasselbe zu tun; damit ist mehr Potential vorhanden als unbedingt notwendig.
- Die Elemente eines Systems, die über Information verfügen, sind befähigt zu handeln, zu gestalten und zu lenken.
- Je größer die Verhaltenspotentiale eines Systems, um so größer ist seine Flexibilität, Anpassungsfähigkeit (Überleben).

Soziale Systeme entwickeln aus sich selbst Ordnung; sie generieren Ordnung interaktiv

- Ordnung in Systemen entstehen nicht durch absichtsvolles Handeln, sondern interaktiv aus menschlichen Handlungen, selbstproduzierend, als nicht vorhersagbare Aktion/Reaktion auf absichtsvolles und nicht absichtsvolles Handeln.
- Strukturen bestimmen Verhalten und umgekehrt. Aus dem Zusammenspiel von Struktur und Verhalten entsteht Ordnung.
- Strukturen gehen aus dem Geschehen und den Ereignissen hervor, die untereinander verbunden sind und auf sich selbst zurückwirken. Es entstehen Regeln, Normen, Gewohnheiten, Vorschriften, Einsichten, Werte, Erfahrungen, Bindungen, Denkvorstellungen, tragende Verhaltensprinzipien, Machtgefüge, Beziehungsnetze von Antipathie und Sympathie, Organigramme.

- ➪ Ein Ordnungskontinuum zwischen einer vollkommenden Ordnung, die alle Freiheit, Willkür, Zufall, Verhaltensmöglichkeiten einschränkt, und dem Chaos, das alles zulässt, ist denkbar.
- ➪ Organisierte Ordnung kann immer nur von geringerer Komplexität sein als selbst-organisierte Ordnung.
- ➪ Damit ein soziales System anpassungsfähig und entwicklungsfähig ist, bedarf es bestimmter Ordnungsmuster, die innerhalb gewisser Grenzen sich verändern, anpassen, weiterentwickeln und so komplex sind, dass sie der Komplexität der wahrgenommenen Wirklichkeit entsprechen.

D

Organisation und Selbstorganisation des Lernens

D. Organisation und Selbstorganisation des Lernens

1. Einleitung

In diesem Kapitel soll es vorwiegend um die Organisation und Selbstorganisation des Lernens in der betrieblichen Bildung, vor allem der *betrieblichen Weiterbildung* gehen.

Von verschiedenen Theorien ausgehend werden dabei einige Ansätze bzw. Modelle geschildert, die verständlich machen sollen, welche Sichtweisen hinter diesen unterschiedlichen Aspekten stehen und wie sich diese konzeptionell und praktisch auf Lernen auswirken könnten. Durch den Vergleich von „organisiertem" und „selbstorganisiertem" Lernen[1] sollen wesentliche Strukturelemente herausarbeitet und diskutiert werden. Ein Ausblick auf die Auswirkungen dieser Ansätze auf die Praxis soll die Ausführungen in diesem Kapitel abschließen.

2. Problemstellung

Aus der modernen Biologie ist bekannt, dass bei der empirischen Beobachtung und Erklärung von Phänomenen der Prozesshaftigkeit, der Funktionalität und der Relationalität große Beachtung beigemessen werden muss. Kausales Denken wird in zunehmender Weise auch in den Naturwissenschaften von Denkweisen ergänzt, die dynamisch-prozessuale Erklärungen zu begründen versuchen.[2]

Am Beispiel der biologischen Zelle wird dies deutlich. Diese kann zwar mit Methoden, die ein Ursache-Wirkungs-Verhältnis zugrunde legen, untersucht werden, die Interpretation der beobachteten Phänomene muss jedoch berücksichtigen, dass die Organisation der Zelle auf Netzwerken chemischer Reaktionen basiert, die nicht nur auf starren Prinzipien beruht, sondern sich aus einem hoch komplexen Wechselspiel von kausalanalytisch kaum mehr fassbaren Einflüssen zusammensetzt.[3]

Die Aufrechterhaltung von Ordnung geschieht in biologischen und sozialen Systemen u. a. durch Handlungen, die zum Ziel haben, die Funktionen durch Zustandsveränderungen konstant zu halten.

> Die aktuelle Struktur, die die Organisation verkörpert, kann sich wandeln, die Organisation eines lebenden, homöostatischen Systems jedoch muß invariant bleiben. (Revermann 1989, S. 363)

[1] Die Begriffe sind zunächst sehr plakativ und werden in den weiteren Ausführungen noch genauer differenziert.

[2] Es wird dabei davon ausgegangen, dass rein kybernetische Modelle für die Erklärung von naturwissenschaftlichen Phänomenen nicht hinreichend sind.

[3] In der Chaos-Forschung kommt eher zum Ausdruck, dass die Naturwissenschaften von ihrer paradigmatischen Beschränkung auf ein deterministisches Weltbild abrücken, wodurch sie sich als exakte Wissenschaften von den anderen Wissenschaften abgrenzten. Es sind die Naturwissenschaften, die sich nunmehr mit Komplexität und Unbestimmtheit in ihrem Gegenstandsbereich auseinandersetzen. Für die Psychologie sind diese Probleme nichts Neues." (Schmidt-Denter 1992, S. 10–11)

Soziale Lern-Systeme entwickeln in der Dialektik von Organisation und Selbstorganisation ihre eigenen Ordnungsprinzipien und werden dabei von ihren je spezifischen Lernumwelten beeinflusst. Gilbert Probst weist in seinem Lexikonartikel „Selbstorganisation“ (1992, S. 2255) darauf hin, dass die Beschäftigung mit diesem Gegenstand (Selbstorganisation) innerhalb der Kybernetik, der Biologie, der Physik, der Chemie, der Familientherapie und auch in der Philosophie eine lange Tradition hat.

> Selbstorganisation umfaßt alle Prozesse, die aus einem System heraus von selbst entstehen und in diesem „Selbst“ Ordnung entstehen lassen. (Probst 1992, S. 2255)

In der Familientherapie beispielsweise reichen die Wurzeln der systemischen Betrachtung von „Pathologie“ bis zu Alfred Adler (1930, S. 157ff.) in die 30er Jahre zurück. Talcott Parsons (1964, 1967, 1972, 1977) eröffnet mit seiner struktural-funktionalen Theorie, die auch als „deterministische Stabilisierungstheorie“ gekennzeichnet werden könnte, neue Sichtweisen, auf die sich u. a. auch die neueren familientherapeutischen Konzepte beziehen. Das Individuum übernimmt hier in einem sozialen System Rollen, die ein Netz von Beziehungsmustern bilden und damit die Funktionalität eines Systems aufrecht erhalten.

Aus der Biologie abgeleitet, findet die Theorie selbstreferentieller Systeme in den Sozialwissenschaften immer größere Beachtung. Humberto Maturana (1985) versteht soziale Systeme als lebende Systeme, die sich durch ihre autopoietische (selbsterzeugende) Organisation aufrechtzuerhalten versuchen und damit eine Anpassung an die Umwelt und Integration in die Umwelt erreichen wollen. Die Handlungen von Sozialsystemen dienen damit jeweils der Aufrechterhaltung der Autopoiese.[4]

3. Kennzeichen organisierten und selbstorganisierten Lernens

Bei der Diskussion organisierten und selbstorganisierten Lernens soll auf die Differenzierung von Varela (1979) verwiesen werden. Er unterscheidet zwischen einem Kontrollmodell und einem Autonomiemodell. Das Kontrollmodell geht davon aus, dass menschliches Verhalten durch rationale Regelungen realisierbar wird, indem man im Sinne kybernetischer Kontrollmodelle Probleme als „Systemfehler“ grundsätzlich lokalisieren könnte. Die Aufrechterhaltung der inneren Organisation bei paralleler Adaption der Systemstruktur an die Umwelt postuliert das Autonomiemodell.

Grundsätzlich kann nicht davon ausgegangen werden, dass eine Lerngruppe als soziales System vollständig selbstorganisierend sein kann. Selbstorganisation steht mit Organisation in einem logisch-funktionalen Zusammenhang; Selbstorganisation ist nur in der Interaktion mit Fremdorganisation vorstellbar (und umgekehrt). Damit gilt:

---

[4] Oeser & Seitelberger (1988) nehmen zu diesem Ansatz sehr kritisch Stellung.

> Als selbstorganisierend bzw. selbsterzeugend kann man Prozesse (oder Systeme) bezeichnen, die aufgrund bestimmter Anfangs- und Randbedingungen spontan entstehen als spezifische Zustände oder Folgen von Zuständen. (Hejl 1987, S. 306f.)

Aus dieser Aussage kann abgeleitet werden, dass Selbstorganisation einen Rahmen zur Voraussetzung haben muss, der das selbständige Organisieren erst möglich macht. Dieser ist keinesfalls voraussetzungsfrei und wird durch zahlreiche Rahmen-Bedingungen festgesetzt. In Lerngruppen zum Beispiel sind dies u. a. das Alter der Teilnehmer, das Geschlecht, die Hierarchieebene, sprachliche Kompetenz etc. Auch die Begleiter (Lehrer/Trainer/Berater) sind in ihrer Funktion, wie auch immer ihre Rolle im Folgenden definiert wird, a priori ein wesentlicher Orientierungspunkt für selbstorganisierende Gruppen. Sowohl das Teilnehmer- wie das Begleiter(Trainer)-system greift gestaltend durch seine adaptierten Rollen, seine eigene Historie etc. in den Prozess ein. Damit bedingen sich Selbst- und Fremdorganisation wechselseitig und sind aufeinander angewiesen.

Ein Unterscheidungspunkt in der begrifflichen Differenzierung zwischen Selbst- und Fremdorganisation ist damit nur in dem *Grad der Organisation* zu sehen. Hier ist die Unterscheidung durchaus schwierig und hängt immer von der subjektiven Meinung des Beurteilers ab. In Abbildung 1 sollen deshalb die Kennzeichen von selbst- und fremdreferentiellen Systemen (Hejl 1982; zitiert nach: von Saldern 1992, S. 432) gegenübergestellt werden.

	Fremdreferentiell	*Selbstreferentiell*
Entstehung	Erzeugung durch Menschen	Selbsterzeugung
basale Struktur	linear	zirkulär
Systemziel	Vom Erzeuger vorgegeben	Erhaltung des Systems
Umweltkonstanz	vollständig	teilweise
Folgerungsweise	deduktiv; vorgegeben	induktiv
Verhalten	vorgegeben	erlernt
Verhaltensänderungen	durch Konstrukteur	durch Mutation/Lernen
Ursprung von Informationen	Umwelt	System erzeugt Information
Gegenstand der Informationen	Umwelt	System und Umwelt
Wirkung der Informationen	denotativ	konnotativ

Abb. 1. Fremd- versus selbstreferentielle Systeme
Quelle: Hejl 1982, zitiert nach: von Saldern 1992, S. 432

In Bezug auf die Kurs-/Trainingssituation könnte die folgende Gegenüberstellung (Abbildung 2) die Unterschiedlichkeit der Ansätze verdeutlichen helfen.

	Fremdorganisiert	*Selbstorganisiert*
Instrumente	Leitung, Moderation	Prozessbegleitung
	Fach-Inputs	Prozessintervention
Ziele	durch Kursleiter/Trainer festgelegt	durch Teilnehmer festgelegt
Rolle	eher aktive Kursleiter-/Trainerrolle	eher passive Kursleiter-/ Trainerrolle
	eher passive Teilnehmerrolle	eher aktive Teilnehmerrolle
Verantwortung	beim Kursleiter/Trainer	bei den Teilnehmern
Systemverständnis	linear	non-linear
	zielgerichtet	dynamisch
	kausal	ganzheitlich
Einbettung in die Organisation	statisch-adaptiv	veränderungsorientiert

Abb. 2. Fremd- versus selbstorganisierte Maßnahmen

Der wesentliche Unterschied zwischen organisiertem und selbstorganisiertem Lernen liegt darin, dass bei letzterem von einfachen Steuerungs- und Reaktionsmodellen Abstand genommen wird, und der Kompetenz eines Systems zur Selbstorganisation der Vorzug gegeben wird. Das dahinterstehende Denkmodell geht davon aus, dass soziale Prozesse eher als Wirkungsnetze und weniger als Kausalreaktionen erklärt werden können. Es wird postuliert, dass die Kompetenzen und das Know-how zur Selbstgestaltung des Lernens im System selbst vorhanden ist und dieses durch die Gestaltung entsprechender Lernumwelten aktiviert werden kann. Der internen Evolution des Lernens wird der Vorzug vor der externen Konzeption des Trainierens gegeben.

4. Was folgt aus der Theorie für die Praxis?

Zunächst ist im Hinblick auf selbstorganisierende Systeme in der Bildung die Frage zu stellen, ob *formelle* Bildung ermöglicht oder *nicht* ermöglicht werden soll. Wir dürfen nicht davon ausgehen, dass für jede Problemstellung eine formelle Bildungsmaßnahme (meist Kurse) die optimale Lernform zur Weiterentwicklung der Organisation darstellt. Lernen kann auch in anderen Kontexten geschehen, die Lernprozesse prinzipiell ermöglichen. In dieser Organisationsform des Lernens geschieht non-formelle Bildung.[5]

[5] Damit unterscheidet sich der Begriff „non-formelle Bildung“ von „non-formaler Bildung“. Letzterer wird in Entwicklungsländern für alle Bildungsmaßnahmen verwendet, die außerhalb des formalen Schulsystems stattfinden.

4.1 Vom fremdorganisierten Lehren zum selbstorganisierten Lernen

Auf Bildungssituationen übertragen bedeutet diese Denkweise, dass nicht mehr primär vom Begleiter die Zielsetzungen, die Inputs und die Prozesssteuerung erfolgt. Selbstreferenz meint, dass sowohl der Begleiter als auch die Teilnehmer ein Bezugssystem bilden, und somit die Anregungen des Begleiters *einen* Impuls unter anderen in der Gruppe darstellen. Aufgrund der Sozialisationserfahrungen der Teilnehmer, die sich auf früheres (schulisches) Lernen beziehen, stellt diese Sichtweise eine neue Herausforderung an die eigenen Kompetenzen der Selbststeuerung dar (Götz 1994, S. 226–231). Die bisherigen Lernerfahrungen sind normalerweise eher derart, dass dem Lehrer die Rolle der Aktion und den Schülern die der Reaktion zugesprochen wurde.

In diesem Kontext ist nicht mehr der „Trainer"-Teilnehmer-Dualismus (vgl. Klient-Therapeut-Beziehung) primär; er verändert sich in der konstruktivistischen Kognitions- und Kommunikationstheorie grundlegend. Hier wird davon ausgegangen, dass die im Seminar stattfindende Kommunikation auf einer konsensualen Basis stattfinden muss, und Veränderungsprozesse beim Teilnehmer, wie auch beim Begleiter stattfinden können. Grundlage für Veränderungsprozesse beim Teilnehmer sind die vorhandenen Vorstellungen von „Wirklichkeit", die für den Interaktionsprozess bestimmend sind. Hier darf es im Lernprozess nicht um die Bearbeitung von Wenn/Dann, Entweder/Oder bzw. Richtig/Falsch-Fragestellungen gehen, sondern um die Erweiterung des Selbstkonzeptes der am Lernprozess Beteiligten, um so aus der Erweiterung des Bezugssystems zusätzliche Wahlmöglichkeiten zu prüfen und anzuwenden.[6]

In der Psychiatrie findet sich die folgende Parallele:

> ... Dazu [bei der Erweiterung des inneren Bezugssystems] aber muß der Arzt dem Patienten nicht nur sprachlich, sondern auf allen Sinneskanälen begegnen und sich ernsthaft auf sein Weltmodell und seine Sprache einlassen, statt in der traditionellen Rolle der Überlegenheit auf seinem eigenen Bezugs- und Wertsystem zu beharren und von dort Anordnungen zu erteilen, die den Patienten dominieren, ihn in eine kindliche Rolle versetzen und seine Autonomie ablehnen. Während die klassische biochemisch orientierte Psychiatrie versucht, von außen her Ordnung an den Patienten heranzutragen, versucht eine konstruktivistische Psychiatrie, Selbstheilungsprozesse durch Fluktuation im Selbstkonzept des Patienten in Gang zu setzen. Dabei kann sie zurückgreifen auf Ansätze in einer konstruktivistischen Affektlogik (Luc Ciompi), die die menschliche Psyche als selbstorganisierendes System der Äquilibrierung von Affekt und Intellekt konzeptualisiert. (Schmidt 1986, S. 15)

Gerade bei diesem Rollenverständnis wird deutlich, dass das Lernsystem sich mit einem Verstehen auseinandersetzen muss, das durch Kommunikationsprozesse vermittelt wird und sich in einem permanenten Wandel befindet. „Veränderung existiert, wenn das, was wir besprechen, nicht mehr unseren früheren Beschreibungen entspricht" (Steiner 1987, S. 55). Durch sprachliche Reflexionen *geschehen* in der Lerngruppe Veränderungen, die durch ihre Nähe zur Lebenswelt Angebots- und gleichzeitig Aufforderungscharakter haben können.

---

[6] Vgl. dazu die Diskussion um den Einfluss des Radikalen Konstruktivismus auf die Psychiatrie (Arzt-Patient-Beziehung) bei Schmidt 1986, S. 15.

In Lernsituationen hat die Berücksichtigung von selbstorganisierenden und selbstreferentiellen Prozessen zur Entwicklung von selbstgesteuerten Seminaren geführt. Traditionelle Ansätze operierten vorwiegend mit Input-Output-Modellen, die davon ausgehen, dass Lerngruppen unmittelbar auf Veränderungen reagieren und ihr Verhalten spezifisch anpassen. Konzeptionen, die von konstruktivistisch-systemischen Modellen ausgehen, sehen sowohl die geplante Organisation als auch die Selbstorganisation als komplementäre Notwendigkeiten. Ein derartiger Ansatz zielt in der Lerngruppe auf die Einsicht, dass man zu keinem (Entscheidungs-)Zeitpunkt die Mitglieder einer sozialen Gruppe logisch-rational führen kann. Ansatzpunkt ist vielmehr der der Förderung von Selbstorganisationsleistungen sozialer Systeme.

4.2 Von der organisierten Bildungs-Überdüngung zum selbstorganisierenden Bildungs-Biotop

Wir finden in Betrieben eine Bildungstradition vor, die eher an dem Konzept der Überdüngung ansetzte. Es wurde versucht, zur Verfügung stehende Mittel möglichst schnell einzusetzen und möglichst schnell sehr hohe Erträge einzufahren. Die im Folgejahr einzusetzenden Mittel orientierten sich dabei an den Investitionen und Erträgen des Vorjahres. Eine Überdüngung mit Bildung war die Folge, die Böden des Unternehmens wurden ausgelaugt.

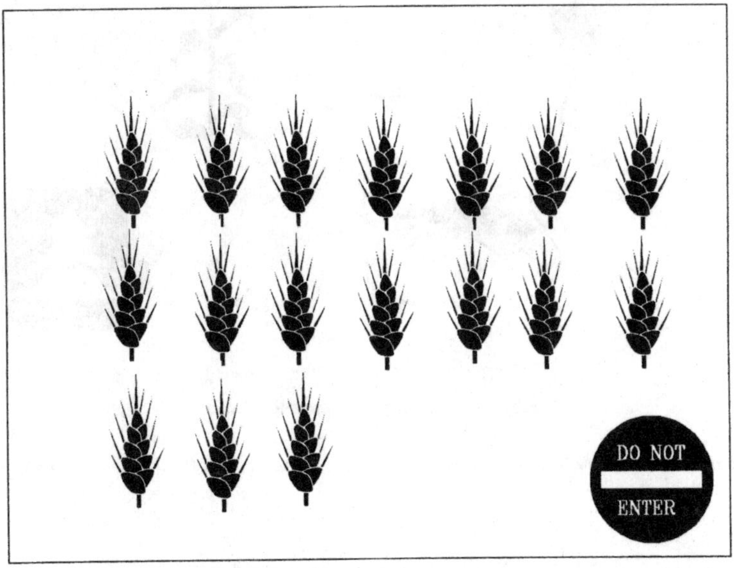

Abb. 3. Organisierte Überdüngung

Das Biotop ist demgegenüber ein natürlicher, abgrenzbarer Lebensraum, eine Lebensgemeinschaft, in der wesentliche Wirkungsfaktoren dafür sorgen, dass Organisation durch Selbstorganisation geschieht, sich entwickeln kann. Voraussetzung dafür ist, dass ein Untergrund, ein Nährboden geschaffen wurde, auf dem Leben gedeihen kann. Es kann nur das wachsen, was auf dem Boden (des Unternehmens) und den Umwelteinflüssen (des Marktes) überlebensfähig ist. Auf den Anbau von Pflanzen, die nicht in den Lebensraum passen und viel Dünger brauchen, soll deshalb verzichtet werden. Ein Angebot an Bildung, das nicht in den Lebensraum von Person und Organisation passt und zu viel Marketing bedarf, kann nur schwer gedeihen.

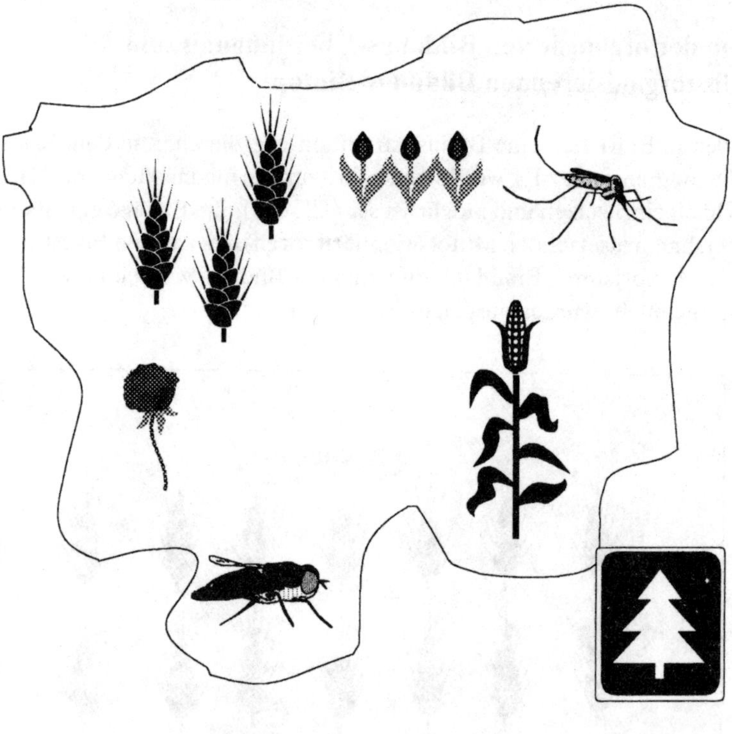

Abb. 4. Selbstorganisierendes Biotop

Wir sind nicht nur verantwortlich für das, was wir tun, sondern auch für das, was wir nicht tun.
Moliére

Könnte es hier um Bildung durch *Bildungsverzicht* gehen? Könnten Menschen und Organisationen sich auch dann entwickeln, wenn auf „überdüngte" formelle Bildung bewusst verzichtet würde? Was geschähe, wenn betriebliche Bildung nicht nur auf die Vermehrung von Wissen (Bildungs-Olympiaden) aus wäre? Könnte auf den Anspruch des „schneller, höher, weiter" verzichtet werden? Könnte idealtypisch von

Bildungserfolg auch dann gesprochen werden, wenn Bildung nicht mehr notwendig wäre? Bildung wäre damit als Teil von Entwicklung zu verstehen – Schulung wäre ein Teil der Bildung.

4.3 Vom „Bildung machen“ zum „Bildung möglich machen“

„Bildung möglich machen“ bedeutet in diesem Sinne, dass durch die Bildungskontaktpartner Rahmenbedingungen wie z. B. Budget, Ansprechpartner usw. mit den nachfragenden Bereichen diskutiert werden. Der zu Beratende soll so durch die Kenntnis dieser Rahmenbedingungen in die Lage versetzt werden, selbst Antworten auf seine Fragen zu geben. Es kommt weniger darauf an, Programme und Prozesse durch Andere machen zu lassen; die Entwicklung der eigenen Fähigkeiten in den dezentralen Einheiten zur Organisation durch Selbst-Organisation sind für den Lernprozess die entscheidende Bedingung. Es wird nicht konventionell Bildung gemacht, es wird vielmehr Bildung *möglich gemacht* – Bildung entbehrt sich, sie leistet „Hilfe zur Selbsthilfe“.

Für Arnold (1991, S. 51–56) ist im Zusammenhang mit dem Deutungsmusteransatz (vgl. Arnold 1985) die „Ermöglichungsdidaktik“ im Unterschied zur klassischen „Erzeugungsdidaktik“ eine wesentliche pädagogische Konsequenz aus dem Konzept der Selbstorganisation. Selbstorganisation und Autopoiesis hat die Autonomie der Subjekte zur Voraussetzung; diese Autonomie könne didaktisch nicht „erzeugt“, sondern nur „ermöglicht“ werden. Bei der Erzeugungsdidaktik sind die Aspekte der Planung (der Maßnahmen) und der Vermittlung (von Inhalten) sowie deren methodischen Aufbereitung durch die Begleiter (Trainer) zentral. Die Ermöglichungsdidaktik fokussiert im Gegensatz dazu die Selbstorganisation und die Identitätsentwicklung. Methodisch steht das *Suchen* und nicht das *Vermitteln* im Vordergund.

4.4 Vom Bedienen zum Beraten

Auf eine Bildungsmaßnahme bezogen bedeutet dies, dass sich die Rolle des Begleiters/Lehrers/Trainers verändert; er wird mehr in seiner Rolle als Berater gefragt sein. Der Fokus verändert sich von der Unterweisung mit dem Ziel des Wissenstransfers hin zur Begleitung und Beratung des Prozessgeschehens. In Bildungsmaßnahmen übernimmt der Prozessbegleiter keine Verantwortung für die Inhalte; diese sind von den Mitgliedern des Systems selbst zu organisieren. Verantwortung wird von dem Begleiter aber für die methodische Beratung des Lernprozesses übernommen.

Prozessbegleitung und -beratung bedeutet nicht, dass diese Funktion nur im Rahmen organisierter Lernprozesse übernommen wird. Beratung und Begleitung von Prozessen kann innerhalb des formellen Lernens geschehen, findet aber vor allem im eigentlichen Arbeits- bzw. Funktionsfeld statt. Wichtig ist es, Lernen dort zu ermöglichen und zu unterstützen, wo dieses geschieht.

In der Abbildung 5 soll deutlich werden, dass beim organisierten Lehren der Anteil des „Bedienens" quantitativ sehr hoch ist. Lernen wird in Seminarveranstaltungen ermöglicht, die sehr viel Zeit und Kosten verursachen. Man orientiert sich an punktuell auftretenden Bedarfen, die kausal durch bestimmte Veranstaltungen abdeckbar seien. Die Befriedigung von Massenbedarfen ist zentral. Es überwiegt eine statische Betrachtung von Lernen.

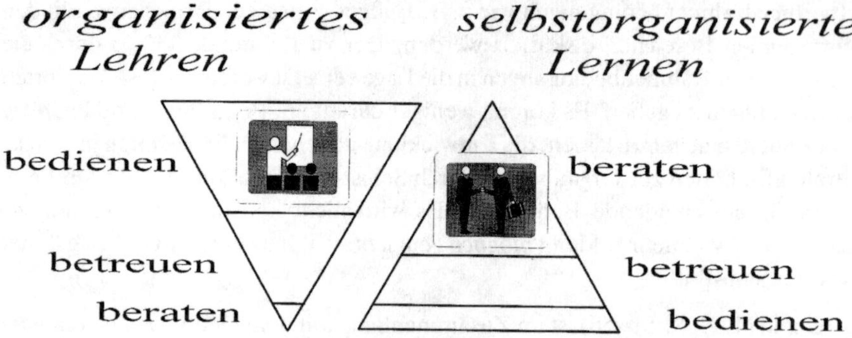

Abb. 5. Vom Bedienen (organisiertes Lehren) zum Beraten (selbstorganisiertes Lernen)

Lernende Organisationen beanspruchen aber aufgrund komplexerer Handlungsabläufe in zunehmendem Maße eine Beratung von Prozessen (dynamisches Modell). Grundwissen und -fertigkeiten werden immer mehr in dezentralen Bereichen, also am Arbeitsplatz selbst vermittelt. Dem Bildungswesen kommt hier die Aufgabe zu, Beratungsleistungen zu erbringen, die Menschen in organisatorischen Einheiten in die Lage versetzen, sich selbst zu helfen. Es geht hier um die „Hilfe zur Selbsthilfe". Die Organisation soll Lernen selbst organisieren können und kann zu diesem Zweck entsprechende Beratungsleistungen in Anspruch nehmen.

4.5 Vom individuellen Lernen zum Organisationslernen

Das Lernen von Menschen in Organisationen war in der abendländischen Pädagogik lange (und noch immer) sehr stark auf das Individuum bezogen. Im Mittelpunkt der Betrachtung stand seit der Aufklärung der Mensch mit dem Erziehungs- und Bildungsziel der Selbstverwirklichung und Selbstentfaltung. Organisationen waren für die Pädagogik nur von untergeordnetem Interesse (vgl. Arnold 1991, S. 50; Heintel & Götz 1994).

Organisationen bedürfen, um zu lernen und sich zu entwickeln, des Menschen. Organisationen sind Kulturschöpfungen des Menschen und manifestieren sich als „objektivierter Geist" (vgl. Nicolai Hartmann). Durch einen „objektiven Geist" (der

Mensch) treten Organisationen aus ihrer Leblosigkeit heraus. Organisationen lernen durch Menschen – der Mensch kann ohne Organisationen leben, die Organisation ohne den Menschen nicht. Der Mensch *organisiert* sich aber u. a. mit Hilfe von Organisationen, um sein Leben zu erleichtern.

In der Abbildung 6 soll gezeigt werden, dass es über die Zeit hinweg betrachtet in bestimmten Wissenschaftsdisziplinen eine Annäherung zwischen den verschiedenen Betrachtungsweisen von Individuen und Organisationen erkennbar ist.

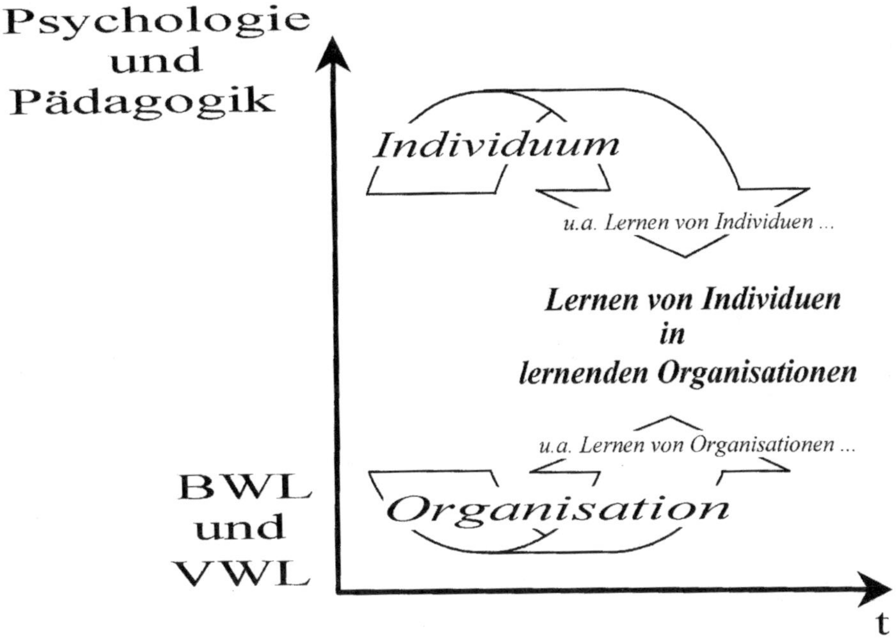

Abb. 6. Lernen von Individuen in lernenden Organisationena

Die eher individuumsorientierte Psychologie und Pädagogik bedienen sich u. a. der Erkenntnisse und Vorgehensweisen aus der eher organisationsorientierten Betriebswirtschaftslehre (BWL) und Volkswirtschaftslehre (VWL) und umgekehrt. Dieses Vorgehen ist sinnvoll und zweckmäßig, ohne dass der Gegenstand der Einzeldisziplin verändert würde. Es geht nicht um die Veränderung des Gegenstands an sich, sondern um die Veränderung der *Betrachtungsweise* des Objektbereichs. Würde diese veränderte Sicht zum Ergebnis haben, dass daraus neue Fragen aufgeworfen würden, hätte sich dieser Lernprozess für beide Seiten ausgezahlt.

5. Schluss

Das Lernen von Individuen in lernenden Organisationen wird, wie es in der Vergangenheit der Fall war, auch in Zukunft auf Organisation *und* Selbstorganisation angewiesen sein. Bildung selbst betreffend kann aber gesagt werden, dass Menschen nicht gebildet werden können, Menschen bilden sich selbst. Organisationen, in denen Menschen arbeiten, leben und lernen, können zwar *geformt* werden, „*bilden*" tuen sie sich von alleine – wenn Organisationen als immer gefährdete „Arten" überleben wollen.

E

Variationen über ein Thema von Betrieben

E. Variationen über ein Thema von Betrieben

„Bildung“, „Personalentwicklung“, „Organisationsentwicklung“

Lento

1. Einleitung

Die gegenwärtige Diskussion über die „ganzheitliche“ Betrachtung von Personal-, Organisations- und Bildungsarbeitarbeit (kurz: POB), dreht sich um die Fragestellung, wie unter Maßgabe veränderter politischer, ökonomischer und sozialer Rahmenbedingungen durch Lernprozesse entsprechende Anpassungsleistungen für Organisationen und der darin beschäftigten Mitarbeiter geschehen könnten. Anlass dieser bis heute sehr kontrovers geführten Diskussion waren dabei sowohl organisationsinterne wie organisationsexterne Faktoren. Zu den internen Faktoren zählt dabei vor allem das Bestreben, die in diesen Bereichen erbrachten Leistungen – wie andere Leistungen auch – nach monetären Kriterien zu bewerten und entsprechend zu „vermarkten“. Zudem wird von einer Verschmelzung von POB eine stärkere Kundenorientierung erwartet („one face to the customer“).

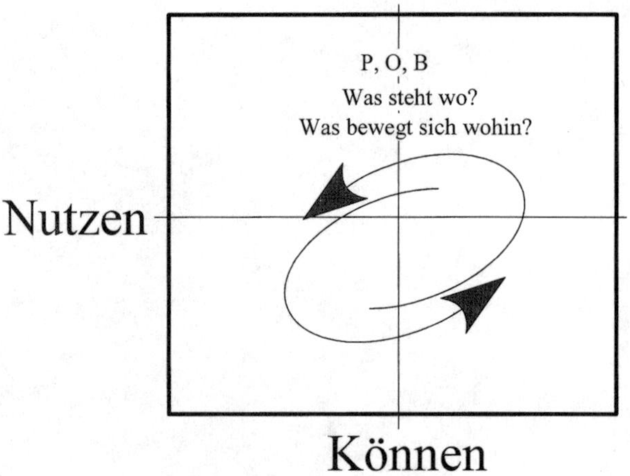

Abb. 1. Nutzen und Können

Unter dem Ziel der Orientierung am Kunden wird bei genauerer Betrachtung deutlich, dass die aus der klassischen Personalarbeit hervorgegangenen Stränge eines Personalwesens (Mitarbeiter*betreuung*) einerseits und eines Bildungswesens (Mitarbeiter*förderung*) andererseits die gegenwärtigen und vor allem zukünftigen Anforderungen nicht mehr hinreichend erfüllen können. In Großorganisationen haben sich mehr oder weniger autonome Subsysteme entwickelt, aus der eigene Kulturen mit eigenen Sprachen entstanden. Diese „Kultursprachen“ dienten mehr der Abgrenzung als der Interaktion von Systemen – Sprache diente u. a. dem Ausüben und der Aufrechterhaltung von Einfluss und Macht.

Erster Satz

Andante moderato

2. „Betriebliche Bildung“

Betriebliche Bildung ist historisch aus der Ausbildung hervorgegangen. An die Tradition der Schule anknüpfend legt Schlieper (1963) deshalb in seiner „Allgemeinen Berufspädagogik“ den Fokus auf den Erziehungsaspekt:

> Wenn man als Grundlage aller Erziehung eine im Menschen angelegte natürliche Kraft annimmt, wenn man Erziehung primär als eine personale Selbsttätigkeit des Menschen betrachtet, die funktional durch die materiale, geistige und personale Umwelt im gleichen Sinne beeinflußt wird, dann ist die Berufserziehung als eine Selbstformung des Menschen gemäß seiner natürlichen Bestimmung in einer bestimmten, von beruflichen Gegebenheiten gezeichneten Lebenssituation aufzufassen. *Berufserziehung ist Selbstgestaltung des Menschen auf sein Lebensziel hin in seiner speziellen beruflichen Lebenssituation*, nicht selten trotz dieser besonderen Gegebenheiten seines Lebens, und intentionale Berufserziehung ist Hilfeleistung bei diesem Selbstgestaltungsprozeß. (S. 34)

Diese „egozentrische“ Selbstvervollkommnung steht im Betrieb teilweise gegen oder parallel zu den Ansprüchen der Mitarbeiter und den Zielen der Organisation. Das wiederum lässt Zweifel an der Tragfähigkeit bzw. Umsetzbarkeit der klassischen humanistischen Idee der Menschenbildung in Betrieben aufkommen, wenn diese isoliert betrachtet wird.

Lernen im Betrieb hat eine individuelle und eine unternehmensorientierte Komponente und soll gleichzeitig ökonomisch und kundenorientiert erfolgen. Bildung im Betrieb zieht ihr Selbstverständnis aus der betrieblichen Umwelt und der Lebenssituation der dort tätigen Menschen. Lernprozesse von Menschen verändern gleichzeitig das Verhalten der Organisation.

Bei Bildung im Betrieb geht es um das Formen und Gestalten von Lernprozessen, deren Ausgangspunkt u. a. in den Strategien des Unternehmens und den daraus abgeleiteten Zielen begründet liegen. Bildung im Sinne des Abbildens von Ähnlichem wird an ihrem Beitrag zur Nutzenstiftung hinsichtlich dieser Zielerreichung gemessen. Es wird von einem Bildungsverständnis ausgegangen, das die individuellen Kompetenzen der Mitarbeiter, deren Praxiserfahrungen am Arbeitsplatz und deren Förderung durch gezielte Aus- und Weiterbildungen als notwendig für das individuelle Lernen, die Personalentwicklung und die Organisationsentwicklung ansieht. Die „klassische“ betriebliche Bildung und die „moderne“ Personalentwicklung stehen damit, wie Heintel (1991) weiter ausgeführt hat, immer im Spannungsfeld von Organisation, Funktion und Person.

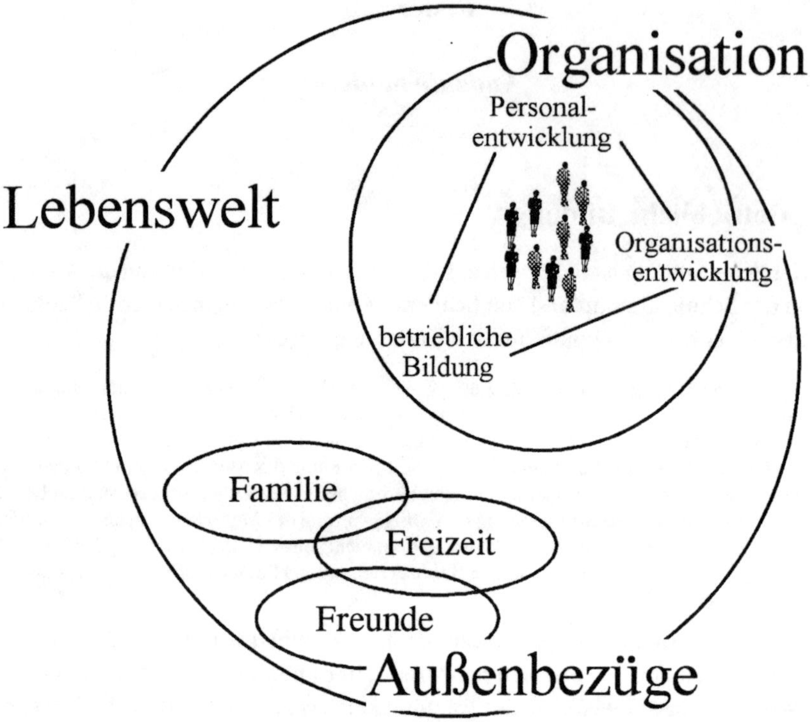

Abb. 2. Person und Organisation

Mit betrieblicher Bildungsarbeit leistet ein Unternehmen Beiträge zur Vorqualifizierung, zur Nachqualifizierung und zur Sicherung von Wissen und Können seiner Mitarbeiter. Eine Organisation investiert in die nicht, in die teilweise, oder in die vorhandenen Fähigkeiten einer Person, die in einer organisatorischen Einheit eine Leistung zur Sicherung der Ertragskraft des Unternehmens erbringt. Von dieser Investition erwartet sich ein Unternehmen eine Wertschöpfung, die über der der getätigten Bildungs-Investition liegt. Das Interesse der betrieblichen Bildung gilt ihrem Beitrag zur Sicherung des Unternehmens.[1]

Fokus ist die Entwicklung der Person als Mitglied der Organisation.

Das betriebliche Bildungsverständnis geht damit davon aus, dass der Mensch über das Wissen zum Handeln kommt. Die Organisation investiert in die vorhandenen Potentiale und Fähigkeiten der Personen, die dem System zugehörig sind. Einer funktionalistischen Auffassung von Bildung wird damit nicht das Wort geredet, denn Bildung bleibt im Betrieb auf den Dialog angewiesen.

[1] In der betriebswirtschaftlichen Wachstumstheorie wird die Auffassung vertreten, dass ein gesundes Unternehmen durch die hochkomplexe Wechselwirkung vieler Einflussfaktoren (außerhalb von „Arbeit" und „Kapital") bedingt, wird und Bildung als eine „Restgrößen" zu betrachten ist.

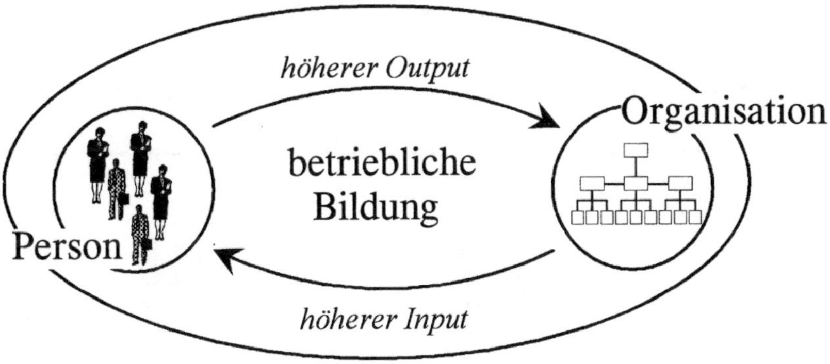

Abb. 3. Bildungsinvestition

Zweiter Satz

Allegro energico

3. „Personalentwicklung"

Personalentwicklung (PE) ist in lernenden Organisationen ein zentraler und strategischer Erfolgsfaktor (vgl. Sattelberger 1994, S. 31–36). Die historisch gewachsene Trennung zwischen Bildungs- und Personalarbeit wird in ihr zunehmend aufgehoben, was dazu führt, dass Personalentwicklung und Bildung aus funktionalen Überlegungen heraus in zunehmenden Maße aus einer Hand wahrgenommen werden.

Zweck der Personalentwicklung ist die Nutzbarmachung der in der Person angelegten Potentiale zur Erreichung der Unternehmensziele. PE bezieht sich sowohl auf das Management als auch auf die Mitarbeiter und beabsichtigt inhaltlich die Förderung persönlicher Entwicklungswege (Bildungsberatung, Entwicklungsberatung, Orientierungshilfen etc.) als auch die Unterstützung bei Problembewältigung (z. B. durch Coaching, Supervision, Führungsberatung, Lösungserarbeitung etc.).

Es geht ihr um die Entwicklung individueller Ressourcen derart, dass Menschen unter Berücksichtigung organisatorischer Rahmenbedingungen und individueller Möglichkeiten ihre Entwicklung selbst mitgestalten können. In umgekehrter Weise betrachtet geht es um das Lösen von Behinderungen, die dieser Entwicklung im Wege stehen. PE geschieht damit bei einer Person, die Mitglied in einer Organisation ist. Sie gibt dabei die kommunizierten oder nicht kommunizierten Kriterien zur Potentialerkennung vor. Bei der PE geht es also um die Entwicklung und Förderung von Personen aus einer Teilmenge der Organisation (kleinere organisatorische Einheiten); aus dieser Förderung erwarten sowohl die Person als auch die Organisation Nutzen.

Fokus ist die Entwicklung der Organisation durch die Person.

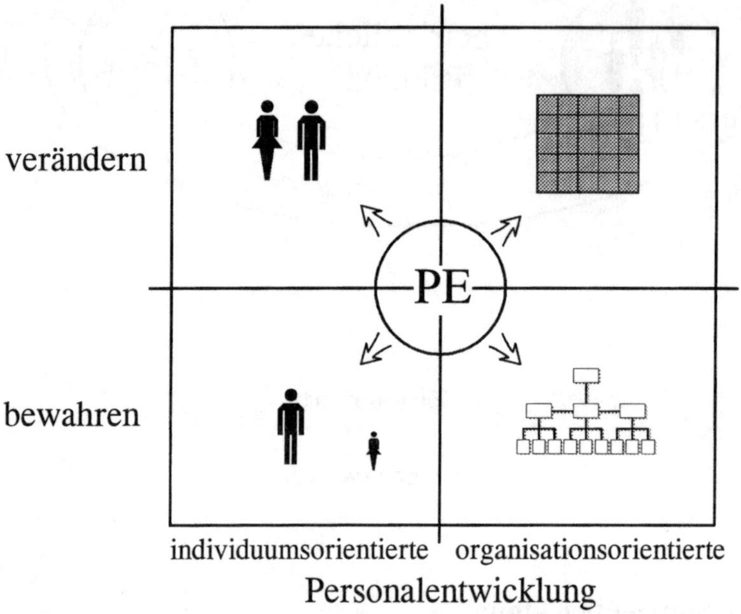

Abb. 4. Personalentwicklung (PE) zwischen „bewahren" und „verändern"

Ein Unterschied zwischen betrieblicher Bildung und PE liegt in dem Anspruch des Unternehmens nach „Qualifizierung", die originärer Gegenstand der Bildung, aber nur eine Teilmenge der PE ist. PE ist in dieser Betrachtung zweckfreier. Die Organisation muß mit den Menschen umgehen, die Mitglieder der Organisation sind. PE ist damit ein Instrument der Organisation, das der Sozialisation und Integration des Mitarbeiters in das System dient. Organisationen beanspruchen für sich das Recht, Personalentwicklung zu betreiben, um Menschen primär für die Organisation „zu entwickeln". Es stellt sich die Frage, wie Organisationen mit den Mitgliedern umgehen, die nicht als „förderungswürdig" weil nicht „entwicklungsfähig" (im Sinne unternehmerischer Kriterien) beurteilt wurden.[2] Es bleibt zu klären, ob die primäre Intention der PE die Veränderung der Organisation durch ihre Mitglieder oder die Veränderung der Mitglieder durch die Organisation ist.

[2] Ein gewisses Dilemma besteht zwischen statischen Beurteilungsinstrumenten einerseits, die als Ergebnis ein Produkt erzeugen (nämlich: förderungswürdig/nicht förderungswürdig), das in einem Konflikt zur anthropologischen Lern- und Entwicklungsfähigkeit des Menschen steht. In den Personalbereichen müssen pragmatische Entscheidungen über die Eignungen von Personen für eine Aufgabe „A" in einem Bereich „B" aufgrund des Eindrucks „C" getroffen werden.

Dritter Satz

Allegro furioso

4. „Organisationsentwicklung"

In dem Begriff Organisationsentwicklung (OE) wird alles Tun (und Unterlassen?) zusammengefasst, das dem Ziel dient, eine abgegrenzte organisatorische Einheit zu entwickeln. Abgegrenzte organisatorische Einheiten sind zum Beispiel Gruppen (Teams), Abteilungen, Bereiche, Direktorate, Geschäftsbereiche und Vorstandsbereiche. Bei einer funktionalen Abgrenzung können als abgegrenzte organisatorische Einheiten alle diejenigen verstanden werden, die mit Personalarbeit (Organisation, Controlling, Produktion, Einkauf, Vertrieb etc.) zu tun haben. Im Einzelfall sind auch andere Begrenzungen der zu entwickelnden organisatorischen Einheiten möglich.

Organisationsentwicklung im traditionellen Verständnis ...

tangiert die *innere Entwicklung* der Organisation ...

a) mit dem Schwerpunkt auf dem *technischen* System (z. B. die Entwicklung von neuen Arbeitsmethoden, Aufbau- und Ablauforganisation, Produktionsmethoden, Integration von Innovationen, Reduktion und Abbau nicht mehr erforderlicher Techniken, Erhöhung oder Verringerung der Produktion und/oder der Qualität und anderes mehr).
b) mit dem Schwerpunkt zunächst eher auf dem *sozialen* System (z. B. Entwicklung eines gemeinsamen Selbstverständnisses, Leitbildern, Strategien, Geschäfts- und Leistungsfeldern, gemeinsamen Kompetenzen, neuen Formen der Führung und Zusammenarbeit, Pflege und Entwicklung eines angemessenen Leistungsklimas, Integration von neuen Mitarbeitern und anderes mehr).

Organisationsentwicklung im neueren Verständnis ...

tangiert auch die *äußere Entwicklung* der Organisation ...

a) mit Schwerpunkt zunächst eher auf dem *technischen* System (z. B. Entwicklung von Normen, Informationssystemen, Abläufen, Methoden, Innovationen ... zusammen mit z. B. Lieferanten, Tochter-/Schwester-/Muttergesellschaften, Wettbewerbern, Wissenschaft usw., innerbetrieblich, national und/oder international).
b) mit Schwerpunkt zunächst eher auf dem *sozialen* System (z. B. Entwicklung von leistungsfähigen Arbeitsgemeinschaften, Projekten, Projektteams, Kooperation für bereichsübergreifende Aufgaben, Entwicklung gemeinsamer Werte, Verhaltens- und Vorgehensweisen, Partizipation an anderwertigen Erfahrungen, kooperative Selbstqualifikation).

In dem neueren Verständnis von OE werden die klassischen Selbstbegrenzungen auf das interne System als Bezugsrahmen aufgelöst und im Sinne eines systemisch-ganzheitlichen Denkens, auch auf die umgebenden Bezugssysteme hin erweitert.

Die OE ist ein ganzheitlicher Vorgang, der in der Regel jeden der vier eben genannten Schwerpunkte durchläuft. Die jeweilige Reihenfolge leitet sich dabei aus dem Anlass zur OE ab. Die Organisation entwickelt sich, ob sie will oder nicht will – Organisationen entwickeln sich damit auch ohne einen geplanten Prozess. Von OE soll aber nur dann gesprochen werden, wenn der Entwicklungsprozess geplant wird bzw. geplant ist. Bei der OE ist das Ergebnis nicht vorweg bestimmbar. Der Prozess ist offen, das Ausmaß und die Art der Veränderungen ergeben sich erst im Verlauf des Prozesses.

5. Variationen über das Thema

5.1 Variation I
Zur Parallelität politischer Systeme und Organisationen (Zerfall von Staaten und Strukturen – Aufbau neuer Staaten und Strukturen)

Nach dem hier Dargestellten lässt sich die betriebliche Bildung als ein Teil der Personalentwicklung verstehen. Bei einem kritischen Blick auf die Grenzen und Gefahren einer ganzheitlichen Personalarbeit ist unverkennbar, dass ganzheitliche Betrachtungsweisen zu einer Multiplikation von Komplexität führen. Mit Blick auf die kontinuierliche Entwicklung eines Unternehmens ist es nicht vordergründig, welche Namen den operativen Einheiten gegeben werden, sondern welchen Beitrag zur Problembearbeitung (und ggf. -lösung) von diesen geleistet werden kann.

Neue Organisationsstrukturen führen jedoch nicht unmittelbar zur Lösung von Problemen, sondern zunächst mittelbar zu einer Veränderung der *Kommunikationsmuster.* Lösungswege werden in Organisationen kommunikativ vermittelt und führen durch diesen Prozess ggf. zu Veränderungen in der Organisation (z. B. von Bildung zu PE). Die Wirkung dieser Handlungen ist jedoch nicht die eigentliche Lösung des Problems – dieses bleibt als solches unverändert – sondern die Veränderung der *Betrachtungsweise* des Problems. Diese veränderte Betrachtungsweise wiederum kann die eigentliche Veränderung der Organisation bewirken.

In ***zentralistischen Systemen*** (ehemalige DDR, UdSSR, hierarchische Organisationen) liegt der Schwerpunkt auf der Konzentration von Verantwortung sowie der Ablaufsteuerung zur Sicherung von Einheitlichkeit in der Nutzenerbringung. Kennzeichen sind: Keine speziellen Anforderungen für lokale Nutzenerbringung, das Vorbeugen von Interessenskonflikten durch zentrale Vorgaben und zentralistische Entscheidungsabläufe zur Realisierung der Gesamtverantwortung. Die Möglichkeit einer internen Erneuerung ist dabei fraglich. „Was wäre passiert, wenn sich die politische Führung der ehemaligen DDR den Auftrag gegeben hätte, den Staat von Grund auf zu erneuern?". „Was passiert, wenn die Unternehmensführung den Auftrag zu einer völligen Umorganisation des Unternehmens gibt?"

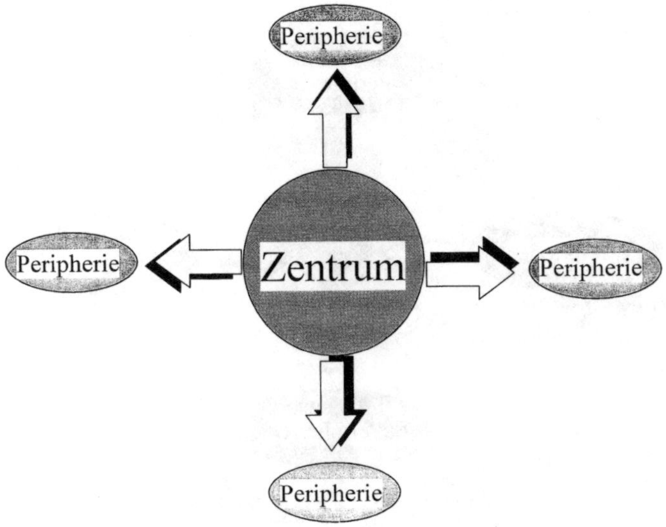

Abb. 4. Zentralistisches System

Bei der Veränderung von Organisationen wird auf tradierte Muster zurückgegriffen, die der Organisation vermeintliche Sicherheit durch das Bewährte bieten. Eines dieser Muster ist das sogenannte „Patenprinzip", nach dem Führungspositionen und Schlüsselfunktionen in Unternehmen von Einzelpersonen wahrgenommen werden, und die Personen berücksichtigt werden, die eine „besondere Nähe" zu ihrem Förderer aufweisen (vgl. Elias 1969). In der Geschichte hat sich gezeigt, dass dieses Muster bei einer territorialen Organisation so lange funktioniert, wie sie zahlreiche Vernetzungen aufweist; diese Vernetzungen bedürfen der Steuerung durch ein Zentrum. Der Zerfall der Vernetzungen führt gleichzeitig zum Verfall des Zentrums und umgekehrt.[3] Die zentralistische Organisation hat es nicht verstanden, den Systemmitgliedern Sinn zu vermitteln; dies führt zu Separatismus und Territorialismus.

Im Modell der ***Separation bzw. Ablösung*** (ehem. Jugoslawien, dezentralisierte Organisationen) integrieren die Teileinheiten im Hinblick auf den Einzelnutzen alle Funktionen mit dem Ziel einer Loslösung von einer zentralen Steuerung. Die Verfolgung lokaler Einzelinteressen steht jeweils im Vordergrund und übergeordnete Interessen bzw. Nutzenfelder werden weitgehend aufgegeben. Eine eventuell erfor-

[3] Vgl. der Zerfall des Ostfränkischen Reiches.

derliche Kooperation gestaltet sich konfliktär. In staatlichen und privaten Großorganisationen lässt sich gegenwärtig aber eher ein Zerfall bzw. eine Dezentralisierung in autonome Gebiete (ehem. UdSSR: Russland, Ukraine, Moldawien etc; ehem. Jugoslawien: Kroatien, Serbien etc.) bzw. autonome Produktbereiche (Profit-, Cost- oder Servicecenter) erkennen, die eine zentrale Steuerung weitgehend überflüssig machen.[4]

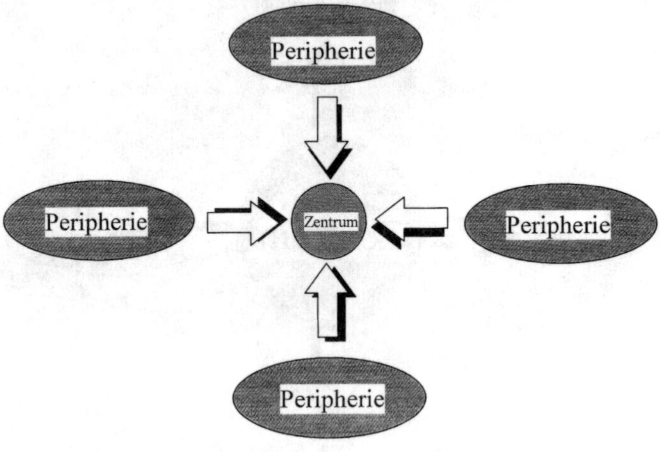

Abb. 5. Separatistische Struktur

Differenzierung mit Integration heißt, dass eine Spezialisierung in Verantwortungskreise erfolgt, die wiederum zum Aufbau von übergeordneten Kreisen im Sinne eines Gemeinschaftsnutzens beitragen sollen. Es erfolgt eine Dezentralisation von Aufgaben, Kompetenzen und Verantwortung für die lokale Nutzenerbringung. Felder, die für verschiedene Teile der Organisation bedeutsam sind oder ggf. Interessensausgleiche schaffen, werden definiert. Es erfolgt eine Vernetzung der Teileinheiten mit übergeordneter Steuerung über Rahmensetzungen.

Trennung und Separatismus einerseits wie Integration und Differenzierung andererseits lassen sich als Aspekte des gleichen Phänomens betrachten, nämlich des *Umgangs mit Komplexität.* Am Beispiel von betrieblicher Bildung, Personal- und Organisationsentwicklung bedeutet dies, dass Unternehmen den Versuch unternehmen, durch homöostatische Anstrengungen ihre lebenserhaltenden Grundfunktionen aufrechtzuerhalten und weiterzuentwickeln. In den P/O/B-Bereichen sind dies u. a. Regeln, Verwaltung, Verteilung, Planung, Entwürfe, Entwicklung und Bildung. Diese Felder benötigen zu ihrem Funktionieren einer Koordination durch Kommunikation (vgl. Willke 1993). Diese Kommunikation ist sowohl normativ, strategisch und operativ (vgl. Bleicher 1992) wie auch legislativ, judikativ und exekutiv.

[4] Auf politischer Ebene hat sich gezeigt, dass die Aufrechterhaltung des Machtanspruches eines Zentrums zu sinnlosen Kriegen führt und eher weitere Separatierungen zur Folge hat („ethnische Säuberungen", Flüchtlingsströme etc.).

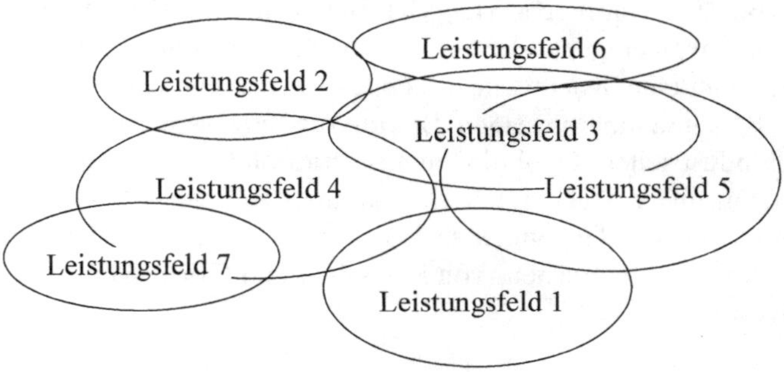

Abb. 6. Differenzierte Struktur

5.2 Variation II *Zur Zukunft des Wachstumsdenkens*

> Der Expansionismus ist eine Begleiterscheinung von Organisationen, seit es sie in der Geschichte gibt, läßt sich also bis zu dem durch Seßhaftwerdung markierten Beginn zurückverfolgen. Die „Arbeitsweise“ dieses Expansionismus (Heintel 1990) besteht in einer Universalisierung der systeminternen Teilwirklichkeit, mit ihr einher geht ein Verlust des Besonderen, innen wie außen. Das Außen als qualitativer Systemwiderspruch und tendenzielle Opposition entfällt, quantitative Überlegungen dominieren vor qualitativen. (Heintel & Krainz 1994, S. 181)

> Die Wachstumsideologie erscheint mir als die Kompensation des Faktums, auf der anderen Seite nur Anorganisches – Totes – zu erzeugen. Am Krebs wissen wir, daß nur Todbringendes und sich dabei selbst die Basis des Überlebens Nehmendes richtungslos gleichsam ins Unendliche wächst. Ist er ein generelles Krankheitsbild und auch auf unsere Isolationssysteme zu beziehen? Einige Experten sind jedenfalls der Meinung, daß er durch Gleichgewichtsstörungen im Lebenssystem Körper, wenn nicht entsteht, so doch gefördert wird. Womit eine fatale Parallele zu unserem Gesamtthema herzustellen wäre. Die Gegenwelt muß bis über den Rand ihrer Möglichkeiten hinauswachsen, um sich den Anschein vom Leben zu geben. Der sichtbare Tod muß durch expandierende Produktion verschleiert werden, diese kennt grundsätzlich keine Grenzen. Obwohl nach Instinkt jeder weiß, daß zum Leben auch nach dem Wachstum ein Vergehen und der Tod gehört, tut man so, als wäre dieses natürliche Gesetz ausgesetzt. In ihrer anorganischen Anlage soll die Gegenwelt Todesüberwindung und Ewigkeit repräsentieren. Dies ist nämlich der angebliche Lohn aus dem Kampf mit der ewig auch vergänglichen Natur; aus ihrem Werden und Vergehen wollen wir uns unabhängig gemacht haben. (Heintel 1986, S. 43)

Die beiden Zitate deuten darauf hin, dass sich Organisationen schwer darauf einlassen können, vom Wachstumsdenken Abschied – oder wenigstens Distanz – zu nehmen. Bildung, Personalentwicklung und Organisationsentwicklung werden dann auch oft nach der Maxime des „schneller, höher, weiter“ beurteilt, wenn es betriebswirtschaftlichen Denkern um den Nachweis der Wirksamkeit ihres Tun geht. Bedeutet aber nicht dieses unkontrollierte Wachstum das Ende der Organisation und den Tod für den Organismus? Geraten Organisationen in Krisen, wächst die Verführbarkeit der Menschen. In solchen Zeiten haben Scharlatane, Rattenfänger und, auf Unternehmen bezogen, charismatische und esoterische Berater Hochkonjunktur.

Die Formulierung von Zielen und die nachträgliche Messung ihrer Erreichung überwiegt der Orientierung an Werten. Liegt aber nicht ein gewisses Paradoxon bei der

Definition von Zielen darin, dass statisch formulierte Ziele sich ständig wandelnden Umfeldbedingungen entgegenstehen. Was zu einem Zeitpunkt „A" als Ziel formuliert wurde, kann, eine dynamische lernende Organisation vorausgesetzt, zu einem Zeitpunkt „B" kaum mehr in seinem Beitrag zur Nutzenstiftung gemessen werden. Das seit der industriellen Revolution in uns verabsolutierte Prinzip, nach Ursachen zu forschen, um auf ein Ziel hin steuern zu können, stößt an seine Grenzen. Es ist offenbar schwer mit dem Gedanken zu leben, dass es dem kausalen Denken Unergründbares gibt, das die Existenz von Menschen und Organisationen aber unbeirrbar beeinflusst.

Finale. Spiritoso e andante

6. Schluss

Das Ganze ist nicht ohne die Summe seiner Teile erlebbar und funktionstüchtig, wie auch umgekehrt die einzelnen Teile nicht ohne eine Vorstellung von Ganzheitlichkeit betrachtet werden können. Unscharf bleibt die Abgrenzung dessen, was bei einer sogenannten ganzheitlichen Personalarbeit eigentlich das Ganze und was seine Teile sind. Diese Abgrenzung ist eine analytisch-konstruktivistische und unterliegt dem geschichtlichen Wandel. Was heute noch als Ursache gesehen wird kann morgen schon als Wirkung betrachtet werden.

Bildung, Personal- und Organisationsentwicklung vereinigen sowohl Aspekte der Förderung (Dienstleistungsanspruch) als auch der Entwicklung (strategischer Anspruch). Konnte in der Vergangenheit noch mit betrieblicher Bildung ein ganzheitlicher Anspruch verbunden werden, so lässt die gegenwärtige Diskussion eher die Bildung als einen Teilbereich einer teleologischen (Personal-)Entwicklung erscheinen. Gerade hier werden aber die Grenzen eines derartigen Ansatzes deutlich. Wenn zukünftige Personalentwicklungskonzepte von den klassischen Prinzipien der Steuerbarkeit, Beeinflussung und Selektion ausgehen, muss geklärt werden, wie unter der postulierten ganzheitlichen Betrachtungsweise lebender Systeme (zu denen auch Organisationen zählen) mit der Selbstreferenz umzugehen ist. Wie verhält es sich aber mit der These, dass gerade diese linearen (nicht-ganzheitlichen) Verhaltensweisen immer wieder auf das verursachende System (selbst) zurückwirken.

Das Management von Organisationen kann nicht länger darauf vertrauen, strategische Prozesse von ihrem Ende her beherrschen zu wollen. Es muss versucht werden, eher indirekt diese schwer zu kontrollierenden Dynamiken über die Festlegung von Spielregeln zu steuern bzw. zu beeinflussen. Die eigentliche Managementaufgabe fällt damit in zunehmenden Maße den teilautonomen Subsystemen (z. B. Geschäftsbereiche, Center etc.) zu, was den Managementprozess als die Steuerung komplexer Systeme begreifen lässt. Viele einzelne Töne ergeben keine Melodie, diese entsteht erst durch die Wahrnehmung des Ganzen in seiner Unterschiedlichkeit. Eine Melodie ist auf diese Unterschiedlichkeiten angewiesen, die aber harmonisch zusammenwirken müssen, um gehört zu werden.

F
Ausblick

F. Ausblick

... über die Entwicklung der betrieblichen Bildung und die Aufgaben des Bildungsmanagements

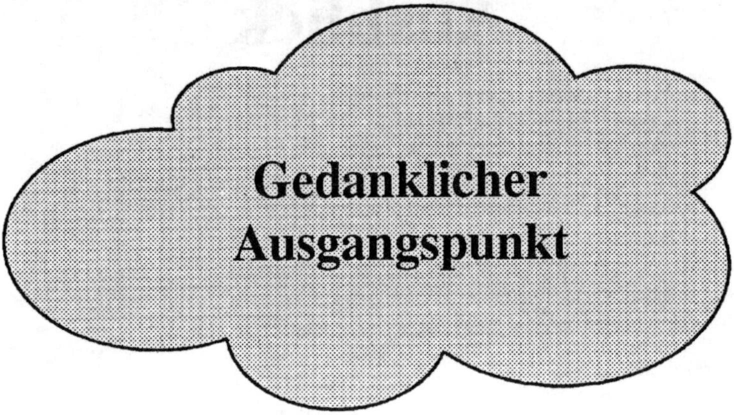

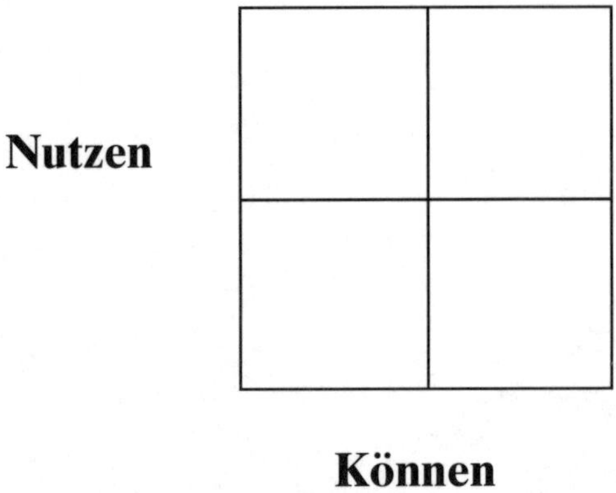

a) Analyse des gegenwärtigen Leistungsangebotes

b) Entwicklung einer Vision über die Rolle der Bildungsarbeit

c) Definition erfolgreicher Geschäftsfelder

d) Schaffung der internen Voraussetzungen
- **Orientierungen**
- **Funktionsbeziehungen**

1. Weiterbildung

Die Weiterbildungsarbeit in den Bereichen eines Unternehmens sollte auf der Grundlage regelmäßiger Bedarfserhebungen zu systematisch aufgebauten Bereichsbildungsprogrammen entwickelt werden. Die zu realisierenden Bereichsbildungsprogramme sollten bei entsprechender Bedarfslage alle Ebenen des betreuten Bereiches einbeziehen und sich dabei auf Themen der Fort- und Weiterbildung erstrecken. Besonderes Gewicht wäre dabei auf die Entwicklung von fachbezogenen Bildungskonzepten zu legen. Mitarbeiter und Führungskräfte sollten bei der Programmplanung und der Durchführung einzelner Maßnahmen verstärkt einbezogen werden.

Der Erfolg der Maßnahmen für die einzelnen Unternehmensbereiche wird insbesondere dadurch zu gewährleisten sein, Inhalte so darzustellen und zu vermitteln, dass sie noch im Training auf Situationen des Bereichs, bzw. die Probleme der Teilnehmer anwendbar sind und Lösungsansätze erarbeitet werden können. Zur Verbesserung der Koordination und Abwicklung von fachbereichsbezogenen Bildungsveranstaltungen sollten geeignete Informations- und Steuerungssysteme in den betreuten Fachbereichen eingerichtet werden. Neben dieser und einer entlastenden Funktion für den Betreuer durch das entsprechend auszugestaltende Steuerungssystem ist damit auch das Ziel verbunden, einen Kreis von verantwortlichen Ansprechpartnern zur Verfügung zu haben.

Mit konsequent durchgeführter bereichsbezogener Bildungsarbeit (Bereichsbildungsprogramme) unter Einbeziehung aller Mitarbeitergruppen sowie über ein mit dem Unternehmensbereich abgestimmtes Steuerungs- und Informationssystem sind erst die Grundlagen geschaffen, über traditionelle Bildungs- oder Schulungsmaßnahmen hinauszukommen. Denn erst ein entsprechendes Vertrauensverhältnis und erfolgreiche Bildungsarbeit ermöglichen die Chancen zur Durchführung/Begleitung von Entwicklungsprozessen (vgl. Götz 1995).

2. Betreuung von Bereichsentwicklungsprojekten

In gängigen Kontakten mit den Unternehmensbereichen sollte in angemessener, aber deutlicher Weise auf die Möglichkeiten der Unterstützung von Entwicklungsprozessen im Bereich hingewiesen werden. Die sich bietenden Anfragen und Gelegenheiten nach/zur Begleitung von Entwicklungsprozessen sollten flexibel aufgegriffen werden und im Lichte der Gesamtbetreuungsfunktion eingeschätzt und behandelt werden.

Insgesamt sollte in der betrieblichen Bildung die Unterstützung von Bereichsentwicklungsprozessen einen noch höheren Stellenwert in der Betreuungsfunktion erhalten als bisher. Erreicht werden sollte dies zunächst durch eine Umschichtung zeitlicher Umfänge zugunsten von Entwicklungsprozessen. Maßgeblich sollte daneben die eigene Qualifizierung zur Begleitung von Entwicklungsprozessen gefördert werden. Die Zusammenarbeit mit externen Beratern müsste deshalb ausgebaut und genutzt werden. Dabei wird es darauf ankommen, den Kreis der externen Berater zu erweitern, um ggf. Kapazitätsengpässe zu vermeiden sowie einen methodisch breiten Nutzen zu ziehen.

Die Stellung des internen Beraters des betrieblichen Bildungswesens wird in den Unternehmensbereichen u. a. von seiner methodischen Gesamtqualifikation bestimmt. Zur Sicherung und Ausweitung der Methodenkenntnisse sollten gezielt Maßnahmen ergriffen werden, um Methoden systematisch zusammenzutragen und zu entwickeln. Erfolgreiche Unterstützung bei der Begleitung von Entwicklungsprozessen in einzelnen Bereichen wird die Forderung nach methodischer Unterstützung bei Prozessen zwischen den Bereichen nachsichziehen. Die Trainingsdienste sollten die sich bereits heute abzeichnenden Entwicklungen in dieser Richtung aktiv aufnehmen und gemeinsam mit den Bereichen Vorgehensweisen für derartige Prozesse schrittweise entwickeln.

Die Zusammenarbeit und der Erfahrungsaustausch mit Kolleginnen und Kollegen in anderen Unternehmen, z. B. in Form von Arbeitskreisen, sollte deshalb gesucht und stärker wahrgenommen werden. Supervisionsangebote bzw. Wünsche der Trainer nach Supervision sollten innerhalb und außerhalb der Organisation unterstützt werden.

3. Mitarbeiterberatung

Ein zukünftig stärker wahrzunehmendes Funktionsfeld stellt die Individualberatung von Mitarbeitern aller Ebenen eines betreuten Bereiches dar. Eine Individualberatung kann sich z. B. ergeben aus dem Besuch einer Fort- und Weiterbildungsmaßnahme, wenn ein Teilnehmer einer Veranstaltung zusätzlich über Möglichkeiten der beruflichen Qualifizierung oder in sonstigen, mit seinen beruflichen Funktionen zusammenhängenden Fragen – auch persönlichen – beraten werden möchte. Grundsätzlich einbezogen werden können Vorgesetzte bzw. der Personalbereich.

Zustandekommen sollte der Kontakt in der Regel auf Wunsch des Mitarbeiters. Aufgabe des Bildungsberaters wäre es, den Bereichen bei entsprechenden Gelegenheiten über dieses Angebot zu informieren, um damit deutlich zu machen, dass neben den traditionellen Bildungsveranstaltungen und -funktionen eine Reihe sonstiger unterstützender Möglichkeiten seitens der Bildungsbetreuer angeboten werden, angefangen bei Einzelberatung, über die Gestaltung von Arbeitstagungen für kleinere Gruppen bis hin zur Supervision, auch unter Einbeziehung externer Berater.

4. Methodenberatung – Methodenunterstützung

Es geht hier um das Entwickeln der Mitarbeiter in den Trainingsdiensten zu professionellen Beratern in Fragen der methodischen und personellen Problemklärung inclusive entsprechender Diagnose- und Analyseverfahren in (fachlichen) Themenkomplexen. Das Entwerfen eines entsprechenden Qualifizierungsprozesses und die Ausweitung der Erfahrungsfelder in internen und externen Bewährungs-/Einsatzfeldern sind erwünscht. Die Einbeziehung von externen Know-how-Trägern, und die methodische Problemlösungskompetenz sollte gesteigert werden. Das setzt voraus, dass in allen Trainingsdiensten eine gewisse methodische Basisqualifikation als Grundgerüst für die Betreuung und Beratung aufgebaut wird.

Neben dieser Grundpalette an Methodenkenntnissen aller Trainingsdienste sind i. S. einer stärkeren arbeitsteiligen Zusammenarbeit Spezialqualifikationen in einzelnen Trainingsdiensten auszubauen und zu entwickeln. Durch gegenseitige Beratung und in besonderen Fällen auch durch konkrete Unterstützung im Bereich sollte eine breite methodische Unterstützung für die Bereiche gewährleistet werden.

Es wird zukünftig nicht mehr genügen, Methoden oder Techniken maßgeblich rein kognitiv zu beherrschen und in ihren praktischen Anwendungen in Problemsituationen dem Bereich oder den Teilnehmern zu überlassen. Wichtig für den Trainer ist der Ausbau von Fähigkeiten, um die gelehrten Methoden selbst in Problemlösungsprozessen praktisch ein- und umsetzen zu können, wie es z. B. für Moderationsprozesse zutrifft, aber nicht für Projektmanagement. Dies setzt ein höheres Maß der Beherrschung von Methoden voraus, die allein eine erfolgreiche Methodenberatung in praktischen Fall-/Problemsituationen gewährleistet.

5. Entwicklungs- und Karriereplanung

Die gezielte Entwicklung von qualifizierten Nachwuchskräften wird von den Unternehmen zunehmend als notwendige Maßnahme gefordert werden. Eine entsprechende Strategie zur Verwirklichung einer systematischen Nachwuchsförderung und -entwicklung, die eingebunden ist in den Komplex der sonstigen Entwicklungs- und Bildungsmaßnahmen, ist eine hieraus ableitbare Aufgabe für die unmittelbare Zukunft. Das bedeutet, dass inhaltlich Konzepte entwickelt werden müssen, die durch eine gezieltere Teilnehmerauswahl eine Verknüpfung von Fortbildungs- und Entwicklungsprogrammen bringen müssen. Inhalte und Themen hierbei sind vor allem: Auseinandersetzung mit spezifischen Fachthemen, mit Zielen, Problemstellungen und Abläufen, Fragen der Führungspraxis und der Kultur des Unternehmens sowie mit Wert- und Zielorientierungsfragen.

Die Betreuer sollen sich diesem Aspekt der Unterstützung gezielt zuwenden und gemeinsam mit dem Personalberater und Bereichsvertretern diesbezüglich Konzeptionen von ganzheitlichem Charakter (z. B. Seminare, Job-rotation, Entwicklungsgespräche, Sonderaufgaben etc.) entwerfen.

6. Bildungsmanagement

Das Bildungsmanagement steht künftig vor der problematischen Aufgabe, steigende Quantitäten auf allen heute erkennbaren Feldern der Bildungsarbeit bewältigen zu müssen. Parallel hierzu wirkt sich der Trend zu „maßgeschneiderten“ Bildungsprogrammen bzw. die wechselnde Zahl speziell zu konzipierender Einzelveranstaltungen erschwerend auf eine angemessene Bewältigung des Auftragsvolumens in administrativer als auch in referentenbezogener Hinsicht aus.

Eine Ausweitung der Personalausstattung bei Trainern ist deshalb unerlässlich, auch wenn ein umfangreicherer Einsatz externer Trainer bei der Bewältigung der Zuwächse hilfreich ist. Der eigenen Qualifizierung muss daneben mehr Raum gegeben werden, um Entwicklungen nicht zu verpassen und um zu vermeiden, in einigen Jahren maßgeblich mit Abwicklungsfragen beschäftigt zu sein.

Das Management der Planung, Abwicklung, Koordination, Steuerung und Kontrolle muss rationalisiert werden. Strukturelle und ablaufmäßige Neuordnungen sind zu entwickeln und technologische Möglichkeiten der Rationalisierung und Bürokommunikation sind dabei zu installieren. Das trifft auf die Abwicklung des Weiterbildungsprogramms ebenso zu, wie auf die Bereichsaktivitäten. Neben der technologischen Kommunikation sind im eigenen Bereich die Kontakte und Wege der gegenseitigen Unterstützung zu suchen und auszubauen. Das bedeutet den Aufbau eines effizienten internen Steuerungs- und Kommunikationssystems mit entsprechender funktionaler Struktur.

7. Designentwicklung

Designs für unternehmens- und fachbereichsbezogene Kollegs, Workshops, Seminare und Tagungen sowie Prozessanlagen wären gemeinsam mit den Fachbereichen und ggf. externen Referenten zu entwerfen. In die Designentwürfe sollten jeweils neuere Erkenntnisse über Lehr- und Lernorganisationsformen sowie die Beachtung der Einsatzmöglichkeiten von neuen Lehr-/Lernmedien einfließen.

Gezielt sollten auf diesem Feld auch experimentelle Vorgehensweisen erprobt und das hierbei erworbene Know-how ausgetauscht werden. Beispiele hierfür sind aus heutiger Sicht: Computergestützte Lernprogramme, Selbstlernprogramme, Großveranstaltungen, Informationsmärkte, Workshops für spezielle Anlässe etc. Dies setzt eine intensive Suche nach neuen Formen und Medien sowie die konzeptionelle Auseinandersetzung mit Vorgehensweisen anderer Unternehmen und externer Veranstalter voraus.

8. Methodenentwicklung/Materialerstellung

Für die praktische Arbeit der Betreuung und aus der Praxis heraus sollten entsprechende Methoden und Materialien in Zusammenarbeit mit den Nutzern bzw. externen Firmen entwickelt werden (z. B. Methoden der Bereichsentwicklung, Projektmanagement etc.). Verstärkt realisiert werden sollte in diesem Zusammenhang die Möglichkeit, externe Sachverständige in die Methodenentwicklung bzw. Materialerstellung einzubeziehen. Die Vorteile einer derartigen Vorgehensweise liegen insbesondere in einer breiteren Aufnahme von neuen inhaltlichen Anstößen, in der positiven Wirkung auf die eigene Qualifizierung und damit insgesamt in der positiven Auswirkung auf die Entwicklung der Professionalität/Qualität einer Bildungsarbeit.

Die Sachgebietsbetreuung stellt in diesem Zusammenhang ein besonderes Aufgabenfeld dar. Wichtig erscheint dabei eine enge Verknüpfung zwischen der Sachgebietsbetreuung i. S. einer Querschnittsaufgabe mit spezifischen Bereichsanforderungen. Neben den bereits bestehenden Sachgebieten ist mit einer Erweiterung der Sachgebietspalette zu rechnen, die rechtzeitig aufzugreifen sind und weitere Qualifizierungsanstrengungen erfordern. Bedeutende Veränderungen im ökonomischen und technologischem Umfeld sind die Ursachen hierfür.

Bei der Umsetzung von Methoden/Inhalten in Trainingsmaterialien, Trainerhandbüchern etc. muss auf eine ansprechende und didaktisch geschickt aufbereitete Form geachtet werden. Eine einheitliche äußere Gestalt soll entworfen und realisiert werden. Ein besonderer Schwerpunkt muss die Verlagerung und Trennung der Schwerpunktaufgaben in der Führungskräfteförderung und der Weiterbildung sein. Das Rollenverständnis von Bereichsbetreuung, Organisations- und Bereichsentwicklungsberater müsste neu definiert werden. Es gilt, die Kernaufgaben zu beschreiben sowie ein methodisches Instrumentarium zu entwickeln und zu dokumentieren. In der Tendenz bedeutet das eine Entwicklung weg von der Verwaltung, Organisation und Abwicklung hin zur Betreuung, Beratung und Bereichsentwicklung. Verstärkt werden muss insbesondere die Bildung von Projektteams, Teams zur Konzeption von Gesamtprogrammen und der gegenseitigen Supervision zur Unterstützung bei Entwicklungsprozessen. Es bedeutet darüber hinaus, mehr Präsenz für den Bereich zu entwickeln.

Als besonderer Inhalt für bereichsbezogene Bildungsarbeit ist die Vermittlung von DV-Fachwissen anzusehen, um die Bereiche bei der Einführung derartiger Systeme zu unterstützen. In der Umsetzung dieser Perspektiven und Strategien bedeutet das vor allen Dingen konsequente Veränderungen auch in den Rahmenbedingungen, wie Räume, Ausstattungen, Medien, bzw. eine entsprechende Veränderung und Vernetzung von internen Abläufen und Kommunikationssystemen. Dazu gehört insbesondere die Kommunikation und Zusammenarbeit intern zu fördern und gemeinsame, übergreifende Ansätze von Bildungs- und Entwicklungsmaßnahmen zu finden.

Strukturell bedeutet das ein Überdenken der derzeitigen Organisationsform und es ist zu prüfen, inwieweit eine analytische Aufteilung in Betreuungsbereiche sinnvoll erscheint. Bei möglichen Veränderungen ist auch darauf zu achten, dass die Flexibilität über Trainingsdienste hinaus gewährleistet bleibt. Für die Mitarbeiter gilt – gerade wegen den veränderten und steigenden qualitativen Anforderungen – das Bemühen, die eigene Qualifizierung, insbesondere in Richtung Methodik und Bereichsentwicklung, voranzutreiben. Davon abgeleitet werden müssten dann konsequente Personalentwicklungsmodelle für die Mitarbeiter des Bereiches. In der Darstellung der Bildungsarbeit sollten geeignete Formen entwickelt werden, die das Leistungsangebot entsprechend darstellen (geeignete Broschüren, einheitliche Teilnehmer-/Trainerunterlagen, geeignete Schulungsräume, funktionale Medienausstattung u. a.).

Dienstleistungsperspektive

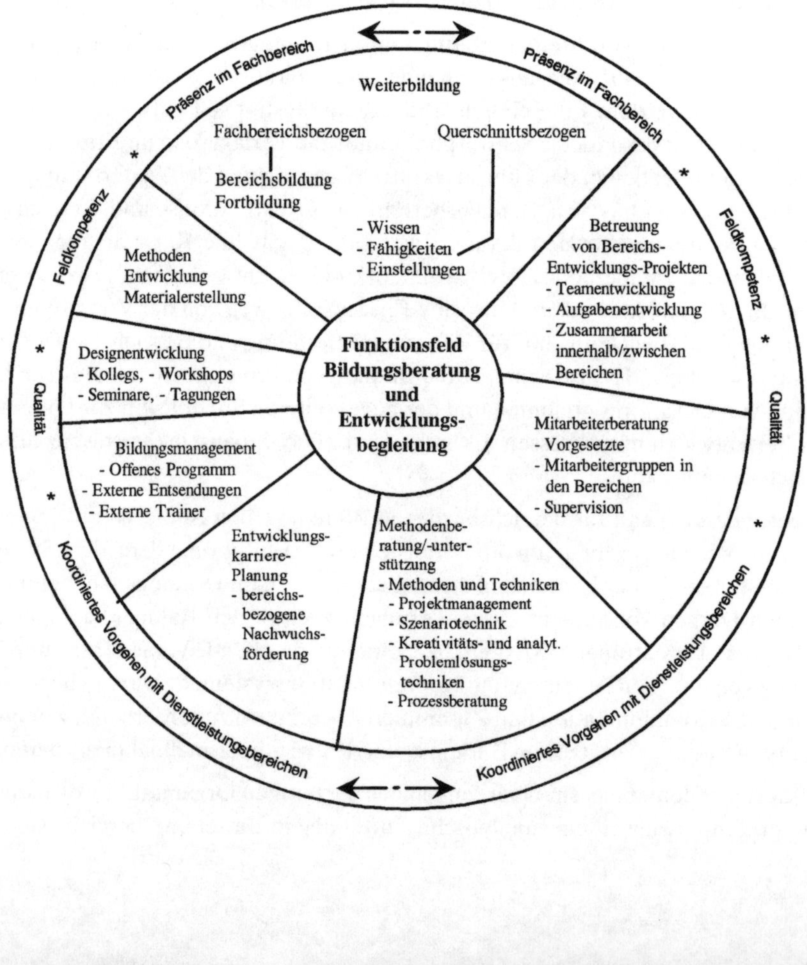

G
Zur Zukunft der Führung

G. Zur Zukunft der Führung

Sie erwarten von mir, daß ich ihnen sage:
„Was ist Kunst?". Wenn ich es wüßte,
würde ich es für mich behalten.

Pablo Picasso

Picasso, Pablo „Main aux fleurs", 1958 © Succession Picasso VG Bild-Kunst, Bonn 1997

Wenn es um das Thema „Führung" gehen wird, sollen auf unbeantwortbare Fragen keine überdauernden Lösungen gegeben werden. Gerade hier und jetzt, unter den eher schwierigen Bedingungen des Weltmarktes sollen vielmehr Fragen gestellt werden, Gedanken dargeboten werden und Anstöße zum Weiterdenken geliefert werden – nicht mehr, aber auch nicht weniger.

1. Szenarien

1.1 Focus

Im dem am 18. Dezember 1995 erschienenen Heft 51 des Magazins Focus werden, passend in die Vorweihnachtszeit, die Ergebnisse des Delphi-Berichts dargestellt, in dem 900 deutsche Spitzenforscher aus Wirtschaft und Wissenschaft ihre Entwicklungsprognosen darstellen. Reichlich optimistisch und offenbar einem technologischen Zukunftsoptimismus folgend, werden darin u. a. folgende Prognosen gewagt:

Focus „Titelblatt“
18. Dezember 1995

2002	Bildtelefon im Miniformat (Kombination aus Telefon, Fax, Computer)
2003	Durchbruch in der Krebsbekämpfung
2004	Abfalltonnen trennen den Müll automatisch
2006	Fahrzeuge werden vollautomatisch mit Bordcomputern gesteuert
2007	Computer übersetzen Texte in die wichtigsten Sprachen
2008	Computer können Bücher/Dokumente auswerten und zusammenfassen
2008	Die Ursachen von Krebs werden bekannt
2010	Elektroautos fahren mit Solarstrom aus Solartankstellen
2014	Magnetschwebebahnen fahren 1000 Kilometer pro Stunde
2016	Konsumgüter halten fünfmal solange wie heute
2017	Ideenfindung läßt sich mit Präparaten künstlich anregen
2020	Solarkraftwerke im Weltraum versorgen uns mit Strom

Bei allem Optimismus weist allerdings der Chef der aus mehr als 3000 Wissenschaftlern bestehenden Max-Planck-Gesellschaft, Hans Zacher, darauf hin, dass die Wissenschaftler zu wenig nach einer praktischen Verwertung ihrer Ergebnisse Ausschau halten und die Wirtschaft „die innere Geschlossenheit der Innovation im Unternehmen“ bevorzuge. Die Berichterstattung von Focus suggeriert, dass die Technologie, verbunden mit einem entsprechenden Zukunftsoptimismus, offenbar die Lösungen parat hat, die die Menschheit so dringend braucht. „Neue Technologien setzen sich dann schnell durch, wenn die Unternehmer optimistisch in die Zukunft blicken“, so Hans Joachim Schalk vom IFO-Institut.

1.2 Der Spiegel

Zwei Wochen später folgt die Antwort des *Spiegel*: „Endzeit-Angst“, „Countdown zur Jahrtausendwende“, heißt es auf dem Titelblatt – „Am Rande des Abgrunds“ ist der dazugehörige Bericht überschrieben. Im Spiegel heißt es: „Die nahende Jahrtausendwende löst Endzeitgefühle aus.“ Kriege und Umweltängste verschaffen den Propheten des Weltuntergangs wieder Gehör, wiederholt sich nur die Fin-de-siècle-Stimmung des letzten Jahrhunderts, oder ist wirklich das „Ende der Geschichte“ angebrochen?

Der Spiegel „Titelblatt“
1. Januar 1996

- „Es ziehen Konflikte herauf, die sich nicht mehr ökonomisch befrieden lassen." (Botho Strauß)
- „Wozu lebt man? Es gibt keine Vorstellung von Zukunft mehr. Nur noch massenhaft Szenarien von möglichen Katastrophen: ökologischen, ökonomischen, kriegerischen." (Heiner Müller)
- „Vor der nahenden Apokalypse schützt nur eine 'spirituelle Mutation' unseres Bewusstseins." (Rudolf Bahro)

Im Gegensatz zu Focus beschreibt *Der Spiegel* eher skeptische Szenarien wie Epidemien, Anstieg der Weltmeere, Ozonloch, Waldsterben, Überbevölkerung, Kriege und Wirtschaftskrisen. Vielleich kann man aber auch, wie Eugen Drewermann es tut, eloquentere Szenarien entwerfen und von einer schleichenden Apokalypse sprechen, die sich in unserem vernetzten System durch die Zerstörung abendländischer Werte wie Freiheit und Demokratie einstellen kann. Die Apokalypse (griech. Offenbarung) vereint aber der Wortbedeutung nach sowohl Hysterie wie Hoffnung, Heil und Unheil.[1]

1.3 Daimler-Benz AG

1993 und 1996 wurde in der Daimler-Benz AG ein „Szenario für die Personal- und Bildungsarbeit für das Jahr 2003 bzw. 2006" erstellt. Es wurde bei der Analyse in sieben Schritten vorgegangen:

Schritt 1: Problemanalyse,
Schritt 2: Umfeldanalyse,
Schritt 3: Zukunftsprojektionen,
Schritt 4: Annahmenbildung,
Schritt 5: Auswertung (Basisszenario),
Schritt 6: Sensitivitätsanalyse/Störereignisse,
Schritt 7: Handlungsfelder.

In der Umfeldanalyse wird beabsichtigt, das Untersuchungsfeld hinsichtlich möglichst vieler qualitativer und quantitativer Faktoren zu analysieren, d. h. entsprechende Deskriptoren/Faktoren festzulegen. In der Untersuchung wurden von einer Projektgruppe insgesamt 21 Faktoren identifiziert und in Form von Kenngrößen, Variablen und Merkmalen spezifiziert. Diese Deskriptoren waren u. a. 1. Werte (Pluralismus / einheitliches Gefüge), 2. Gesellschaftspolitische Entwicklungen (Deregulierung / Dissens), 3. Qualifikation und Zahl möglicher Bewerber (bedarfsdeckend / diskrepant), 4. Qualifikation der Belegschaft (Sozial-, Kommunikations- und Methodenkompetenz plus / Sozial-, Kommunikations- und Methodenkompetenz minus), ... 10. Arbeitsorganisation, 11. Arbeitszeitmodelle, 12. Innovations-

[1] Auf die Frage der Süddeutschen Zeitung (16. Januar 1996): „Wovor haben Sie am meisten Angst, wenn Sie an Deutschland 2000 denken?", wurden folgende Antworten gegeben: Kriminalität (West 56%, Ost 71%), Arbeitslosigkeit (49%/62%), Umweltzerstörung (53%/51%), Rechtsextremismus (42%/52 %), Krieg (41%/46%).

druck 13. Technologieeinsatz, 14. Unternehmensorganisation, ... 20. Arbeitgeber(-verbände) 21. Politik der Gewerkschaften. Aufgrund der großen Datenmenge will ich auf eine zu starke inhaltliche Füllung verzichten und nur auf die beiden gezeichneten Schlussszenarien eingehen.

Hier zwei Auszüge aus den „Szenarien", zunächst unter dem Aspekt „Wirtschaft im Gleichgewicht", dann unter dem veränderten Szenario „Wirtschaftskrise".

Wirtschaft im Gleichgewicht

Die Bundesrepublik des Jahres 2006 ist eine plurale Gesellschaft mit einer parallelen Vielfalt unterschiedlichster, mehr oder minder gleichberechtigter Normvorstellungen und Wertgefüge ihrer Mitglieder. ... Die Auflösung der altbekannten Rollenverteilung zwischen Frauen und Männern ist weit vorangeschritten. Familie und Beruf haben für beide Geschlechter einen annähernd gleich hohen Stellenwert erlangt. Die gewachsene Familienorientierung, die man bereits Mitte der 90er Jahre mit Zielgruppenuntersuchungen belegen konnte, findet ihre Antwort in einem großen Variantenreichtum bei Arbeitszeit-, Arbeitsorganisations- und Förderkonzepten der Wirtschaft.

Die Ablehnung traditionellen Rollenverhaltens, einheitlicher Wertgefüge und eines einengenden Dirigismus wird in allen Bereichen des gesellschaftlichen Lebens deutlich. So auch in Politik und Gewerkschaften, die weit entfernt sind von klassenkämpferischen Grundmustern, sondern eher aus einer etablierten Position im Gespräch mit Arbeitgeberverbänden wirtschaftsförderliche Ziele mitverfolgen.

Es ist – bei der seit längerer Zeit stagnierenden Zahl der Arbeitsplätze in Deutschland – eine qualitative Verschiebung hin zu anspruchsvolleren Tätigkeiten und vermehrt zu Dienstleistungsfunktionen zu beobachten, was direkt auf die massenhafte Verlagerung einfacher Produktionstätigkeiten in Länder mit niedrigerem Lohnniveau zurückzuführen ist. Ohne diese Verlagerungen hätte ein Großteil der deutschen Industrie die Wirtschaftskrise im Jahr 2002 nicht überstanden.

Die ehrgeizigen Wachstumsziele der Firma „pro future" aus der letzten Dekade des vergangenen Jahrhunderts konnten mit einer gewaltigen Energieleistung des Gesamtunternehmens – und seiner mittlerweile zahlreichen GmbHs und in Firmenzusammenschlüssen ausgegliederter Töchter im In- und Ausland – erreicht werden.

Diese zum Teil erzwungene Internationalisierung kommt dem Konzern „pro future" in seiner jetzigen Rolle als Global Player sehr zugute und wird mit einer entsprechenden Personalentwicklungspraxis weiter forciert. So ist z. B. die Besetzung einer Stelle der Ebene 2 in der seit Januar 1999 dreistufigen Führungshierarchie ohne vorherige Auslandserfahrung schlicht nicht möglich.

Weitreichende Beteiligungsmöglichkeiten für alle Mitarbeiter zur ständigen Verbesserung der Führungs- und Arbeitskultur wie Vorgesetzten-Feedback, Zielvereinbarung, Mitarbeiterbefragung etc. sind bei „pro future" seit Jahren selbstverständlich. ... Eine sich permanent ändernde Unternehmensumwelt erfordert ständige aktive und proaktive Veränderungs- und Anpassungsleistungen im Unternehmen. Damit die Mitarbeiter diese Erwartungen erfüllen, müssen sie erleben, dass „Veränderer" unterstützt und gefördert werden. „Pro future" hat dies erreicht, indem die Firma u. a. Bereichsentwicklung und Weiterbildung als Führungsaufgabe verankern konnte, andererseits ihre Auswahlverfahren an neuen Anforderungsprofilen orientieren konnte. …

Heute sind materielle und immaterielle Anreizsysteme, die sich flexibel an Leistungen und Bedarfen der Mitarbeiter orientieren, und centerspezifische budgetgesteuerte Freiräume eine Selbstverständlichkeit und treffen die Erwartungshaltung der Belegschaft.

Natürlich ist auch die Firma „pro future" des Jahres 2006 nicht immun gegen konjunkturelle Schwankungen. … Der gravierende Unterschied zur Situation der letzten größeren Krise liegt aber darin, dass das Unternehmen inzwischen Lernprozesse durchlaufen hat und besser vorbereitet ist. Ein Ergebnis dieser Lernprozesse ist, dass die Etablierung einer Veränderungskultur bei der Mehrzahl der Führungskräfte und Mitarbeiter ein Krisenbewusstsein präsent erhält, mit dem sich die Gefahr selbstgefälliger Erfolgsorientierung in Grenzen halten lässt. Spielregeln, in denen auch die qualifikatorischen und innovatorischen „Basisleistungen" für Krisen definiert sind, wurden vereinbart und müssen einer regelmäßigen Überprüfung standhalten. … Zu den erwähnten Vorbereitungsmaßnahmen gehört die Implementation von Frühwarnsystemen mit dem konsequenten Monitoring entscheidender Parameter und mit themenbezogenen Simulationen und Szenarios, aus denen zukunftswirksame Handlungsempfehlungen abgeleitet werden.

Wirtschaftskrise

Die wirtschaftliche Lage verschlechterte sich … plötzlich wieder, da durch die schlechten Konjunkturdaten in den USA, den endgültigen Zusammenbruch der Staaten der ehemaligen Sowjetunion und einer Wiedererstarkung zentraler, sozialistischer Tendenzen in China auch die deutsche Wirtschaft in einen Abstiegsstrudel kam.

Palma il Giovane
„Johannes entdeckt die vier apokalyptischen Reiter", um 1600

Bereits 1995 begann „pro future" – wie nahezu alle anderen Firmen auch –, zunehmend die einfachen Arbeitsplätze ins amerikanische und asiatische Ausland zu verlagern. Zurück blieben anspruchsvolle Arbeitsplätze für wenige. Während anfangs noch aus vielen Bewerbern die „Veränderer" ausgewählt und zu Innovatoren und Veränderungsmanagern weiterentwickelt werden konnten, brach eine Absatzkrise im Jahr 2001 völlig unerwartet ein und paralysierte die Belegschaft vollständig. … Die Bewahrer krochen wieder aus ihren Löchern und beschuldigten die Veränderer der frühen neunziger Jahre der kopflosen Fahrlässigkeit bei der Entrümpelung hierarchischer Strukturen und kontrollierender Systeme. … 2002 begannen die ersten drastischen Entlassungen. Innerhalb eines halben Jahres reduzierte sich die Belegschaft auf ein Viertel. …

2003 war es soweit: Während die linken Listen des Betriebsrats durch permanente Warnstreiks weitere Entlassungen verhindern wollten, und damit auch noch den Verkauf des letzten erfolgreichen Produkts weiter verhinderten, griff die German-Manhatten-Bank zu und kaufte die Export-Division Amerika + Europa auf. Mit einem Zehntel der ursprünglichen Belegschaft wurde in Europa nur noch das unprofitable Mittelklasseauto „Vision-Europe" produziert, während die Großraumlimousine „Mission" bei der amerikanischen Firma „hire and fire", einer Sektion der German-Manhatten-Bank, nur noch in den USA produziert wurde. Der staatliche China-Wang-Jong-Trust kaufte dann die gesamte Export-Division Asia auf und ließ den Kleinwagen „Vision-Future" in China weiterproduzieren.

Die Politik war in Zugzwang: Arbeitsdienste wurden eingerichtet, vor öffentlichen Garküchen stauten sich täglich Hunderte von Menschen. Die verbliebenen Arbeitsplätze wurden unter hartem, betrieblichen Regiment geführt …

Heute, im Jahr 2006, haben wir eine schwierige Situation: Anstand, Ordnung und Disziplin sind wieder gültige Tugenden, die Ordnungskräfte sind beschäftigt, die permanenten wilden Streiks aufzulösen und Straßenkämpfe zwischen Gewerkschaftlern und der neu formierten Rechten zu verhindern. … Der Wahlspruch der Politik „keine Experimente" hat auch die innerbetrieblichen Systeme und Strukturen wieder verändert: Oben wird angeschafft, unten gearbeitet – wie sich's gehört –, mal länger, mal kürzer, mal Band, mal Gruppe …

Wie wird's wohl weitergehen? Die ersten deutschen Mitarbeiter von German-Manhatten-Motors-Company stellen die ersten Aussiedlungsanträge nach China: Zwar herrscht dort ein politisch-strenges Regiment, aber es gibt wenigstens noch ein paar Arbeitsplätze in der durchweg manuell durchgeführten Automobilmontage vom China-Wang-Jong-Trust. …

2. Führung – „*State of the Art*"

Nachfolgend werden die Ergebnisse einer Expertenbefragung dargestellt, die 1995 in der Zeitschrift Personalführung veröffentlicht wurden. Zwölf Experten (Lange/Sattelberger – Lufthansa; Prasch – Bayerische Vereinsbank; Richter – IBM; Schulz – Henkel; Wollert – Hertie; Prof. Bleicher – St. Gallen; Prof. Müller – Basel; Prof. Neuberger – Augsburg; Prof. Reber – Linz; Prof. von Rosenstiel – München; Prof. Wunderer – St. Gallen) aus Praxis und Wissenschaft wurden in acht Leitfragen nach ihrer Meinung zur „Zukunft der Mitarbeiterführung" befragt. Zusammenfassend kommen die Experten, auf die einzelnen Fragen bezogen, zu folgenden Ergebnissen:

a) Was werden die charakteristischen Führungsaufgaben einer oder eines Vorgesetzten in den nächsten Jahren sein?

Die klassischen Führungsfunktionen bleiben wichtig, wie Ziele vereinbaren, moderieren, Feed-back geben, anerkennen. Teilweise verschieben sich aber die Gewichte. So wird die cross-funktionale Führung bzw. laterale Kooperation gegenüber der vertikalen Führungsbeziehung ebenso an Bedeutung gewinnen wie die Leitung von Projektgruppen.

Kommunizieren, Visionen vermitteln, die Organisationskultur gestalten, strategisch ausrichten und in diesem Rahmen coachen, entwickeln und moderieren, werden als Schwerpunkte der Führungskraft der neunziger Jahre genannt. Schließlich werden aktuelle Umwelteinflüsse (z. B. Werteveränderung, Qualifikationsanstieg in der Bevölkerung, Globalisierung der Märkte) die Führungsaufgabe beeinflussen. Damit heißt Führen Wandel bewältigen, Beschränkungen als Chance sehen, flexibel und situativ beeinflussen und dabei die Selbststeuerung der Mitarbeiter erhöhen. Dies passt gut zur Metapher des Regisseurs. (S. 454)

b) Wie beurteilen Sie die These, Personalführungsaufgaben des Vorgesetzten würden zunehmend durch strukturelle Führungsmaßnahmen (vor allem Kultur, Strategie, Organisation) substituiert?

Die Spannweite der Prognosen ist hier groß – wohl auch, weil strukturelle Führung doch mehr mit Organisation als mit Kultur und Strategie assoziert wird. Es wird empfohlen, strukturelle Beschränkungen als Chance zu sehen und dabei zwischen widersprüchlichen Anforderungen zu vermitteln. Gleichzeitig finden sich auch mehrere Plädoyers für die persönliche, interaktionelle Führung über direkte Kommunikation. Auch die hohe Gewichtung von visions- und kulturorientierter Führung in Frage 1 zeigt Präferenzen für eine sog. weiche Strukturführung. Eine in Bürokratie mündende Organisationssteuerung wird hingegen nicht für wünschenswert gehalten. Dass Vorgesetzte mehr Einflussgrößen („Kontingenzen") ihrer Führungsumwelt berücksichtigen sollen, kann man als vermittelnde Position interpretieren.

Auf jeden Fall soll strukturelle Führung optimale Bedingungen für Selbstorganisation schaffen. Wir interpretieren zu diesem Thema eine Entwicklung von der bürokratischen (Regeln) über eine charismatische (Persönlichkeit) zur legalen (Verfassung) Herrschaft. (S. 455)

c) Wie würden Sie „den" Führungsstil der 90er Jahre in der Bundesrepublik Deutschland charakterisieren? In welche Richtung dürfte er sich weiterentwickeln?

Im Vordergrund steht die Beschreibung der Ist-Situation; wenngleich sich dabei kein einheitliches Bild ergibt, wird mehrfach der Trend zur wieder autoritären Führung konstatiert. Einige Experten fordern auch hier partnerschaftliche und kooperative Führungsbeziehungen. Daneben wird die Spannung zwischen verstärktem Controlling und der Forderung nach erhöhter Eigenverantwortlichkeit herausgestellt. Führung wird zukünftig noch mehr als Aushandlung eines psychologischen Kontrakts gesehen. Soziale Kompetenz, Berechenbarkeit, Moderation gruppendynamischer Prozesse, Informations- und Teammanagement gewinnen damit an Bedeutung. Verstärkte Zielkonflikte zwischen ökonomischer Nutzung des Human-Vermögens und sozialer Ausrichtung werden vermutet. Schließlich wird der Einfluss unterschiedlicher Kulturen bzw. Zielgruppen aufgezeigt. (S. 457)

d) Welche Führungsinstrumente (z.B. Motivation/Anreizsysteme, Beurteilung, Training, Kommunikation) werden in den nächsten Jahren besondere Bedeutung erlangen?

Bei dieser Frage ist sich die Expertengruppe ziemlich einig. Im Vordergrund werden Anreizsysteme und die damit verbundene Leistungsbeurteilung stehen. Ebenso bedeutsam ist die Verstärkung der direkten Kommunikation. Im Bereich der Weiterbildung werden On-the-job-Maßnahmen wichtiger. Ferner müssen Substitute für die sinkenden Karrierechancen im Lean-Management geschaffen werden. Insgesamt sollen die Führungsinstrumente die Zielerreichung, die Flexibilisierung, Individualisierung und Differenzierung sowie die multikulturelle Ausrichtung der Mitarbeiter fördern sowie deren Identifikation und Selbstentfaltung erhöhen. (S. 459)

e) Welche Einflussfaktoren und Entwicklungstendenzen in der Praxis haben die Führungsforschung und -lehre der letzten Jahre besonders beeinflusst?

Die Veränderung von Umwelttrends steht im Vordergrund: Werte- und Technologiewandel, aber auch Globalisierung der Märkte und wirtschaftliche Krisen. Damit werden auch entsprechende Themenbereiche begünstigt, wie transformationale bzw. charismatische Führung, Controlling der „weichen Faktoren", symbolisches Management und Kulturforschung. Andererseits wird betont, dass auch viel „Wein in neue Schläuche" gefüllt wurde, also mehr die Begriffe als die Forschungsinhalte wechselten. Auch wird auf die stärkere Bedeutung qualitativer, systemischer und konstruktivistischer Denkmuster hingewiesen. Schließlich wird hervorgehoben, dass die Wissenschaft sich zunehmend an Fragestellungen der Praxis orientiert, dabei also mehr „nach-" als „vordenkt". (S. 461)

f) Worin sehen Sie die wesentliche Entwicklung in der Führungsforschung der letzten Jahre? Wo könnten sich in den nächsten Jahren neue Schwerpunkte entwickeln?

Insgesamt werden keine wesentliche Innovationen festgestellt. Hervorgehoben wird die Abkehr von mechanistischen Führungskonzepten, ja sogar von Rationalitätsmodellen, die noch von manchen Betriebswirten und den meisten Ökonomen liebevoll gepflegt werden. Darüber hinaus wird die Überwindung tayloristischer Denkweisen sowie die stärkere Betonung der Sozialkompetenz gegenüber der Methoden- und Fachkompetenz als Führungsanforderung hervorgehoben. Als wichtigere – weil praktisch relevante – Führungsthemen werden angesprochen: Zielgruppen (differenziert vor allem nach Geschlecht), symbolische Führung, Mikropolitik und interkulturelle Differenzierung von Führungsverhalten. Auch wird sich Führungsforschung mehr an der Ethnologie und den Kulturwissenschaften orientieren. Dies impliziert, dass Führungsprozesse vermehrt im Kontext von Gruppen- und Unternehmenskultur betrachtet werden. Ferner wird Kulturforschung im Rahmen eines Kulturmanagements mehr berücksichtigt. Dass die charismatische Führungspersönlichkeit gerade in Krisenzeiten an Bedeutung gewonnen hat, wird mehrfach angesprochen. (S. 463)

g) Welche neueren Betrachtungsweisen, Denkansätze, Theorien (inkl. Literaturhinweisen) würden Sie der Praxis (vor allem Führungskräften) zur näheren Beschäftigung empfehlen?

Die Empfehlungen reichen von verstärkter Beschäftigung mit alten Betrachtungsweisen bis zur Forderung, sich vor allem mit neuesten Entwicklungen (z. B. Selbstorganisation, Konstruktivismus) zu beschäftigen. Daneben werden aber auch spezielle Anregungen angesprochen: Vertrauensorganisation, virtuelle Organisation, Mikropolitik sowie Folgen von kulturellen oder Geschlechterdifferenzen. (S. 464)

h) Wie und wodurch könnte die Zusammenarbeit zwischen Führungsforschern und Führungspraktikern intensiviert werden? Was würden Sie dabei der Wissenschaft und was der Praxis vorschlagen?

Die Beschreibung des gegenwärtigen Zustandes variiert auch hier. Einerseits wird von einer verfestigten und auch gewollten Arbeitsteilung gesprochen, die eine echte Kooperation erschwert. Andererseits sind Praktiker immer besser wissenschaftlich vor- und weitergebildet, und die Wissenschaftler haben zunehmend Praxiserfahrung. Eine fundierte Zusammenarbeit erfordert mehr Zeit und Geduld auf beiden Seiten. Der Praxis wird von den Wissenschaftlern u. a. empfohlen, stärkeren Einfluss und Förderung bei Forschungsprojekten und Diplom- bzw. Dissertationsarbeiten zu entwickeln. Die Wissenschaftler sollten mehr in die Strategieumsetzung und langfristige Beratung (inkl. Aktionsforschung) eingebunden werden. Damit könnte sich eine echte Kooperation mit Fach- und Machtpromotoren entwickeln. In der Hochschulausbildung sollten Praxisphasen stärker eingebaut werden. Dass dies keine Einzelmeinung darstellt, zeigt auch das jüngste Ranking der deutschen Hochschullandschaft, in dem Hochschulen mit praktischer Ausrichtung an die obersten Ränge plaziert wurden. Schließlich werden auch durchlässigere Karrieren in beiden Bereichen empfohlen, wie sie in den USA schon realisiert sind. (S. 466)

3. Führung – „*Trends and Thoughts*"

Klee, Paul
„Zwei Männer, einander in höherer Stellung vermutend, begegnen sich", 1903, 5
©VG Bild-Kunst, Bonn 1997

Es soll kurz dargestellt werden, welche Anforderungen sich aus der Strategie des Daimler-Benz Konzerns (6/1995) für die Personalentwicklung ableiten lassen. In dem Strategiepapier heißt es u. a.:

- Sicherstellung der Besetzung der Führungspositionen in bestehenden Geschäftsfeldern mit qualifizierten und entwicklungsfähigen Führungskräften,
- Unterstützung und Erschließung neuer Segmente und Wachstumsmärkte (in bestehenden oder neuen Geschäftsfeldern),
- Unterstützung der Bildung ergebnisverantwortlicher Geschäftseinheiten (Trend zur Dezentralisierung und Divisionalisierung),
- Unterstützung der Internationalisierung und Globalisierung und
- Unterstützung des Know-how-Transfers und des Zusammenwachsens im Konzern.

Die daraus abgeleiteten Konsequenzen erscheinen logisch: Gezielte Identifizierung, Förderung und Qualifizierung von Führungskräften mit unternehmerischem Potential, Überprüfung der bekannten Potentiale, gezielte Rekrutierung ausländischer Führungskräfte, Erhöhung des Anteils an übergreifenden Rotationen zur Förderung des Know-how-Transfers, Besetzung mit Personen mit General-Management-Potentialen, gezielte Förderplanungen für weibliche Führungskräfte, Weiterentwicklung der Führungskräfteentwicklung (Systeme, Abläufe, Instrumente, Auftragsverteilung).

Aus dem bisher Dargestellten soll abgeleitet werden, welche Anforderungen sich aus den beschriebenen Szenarien für die Personalentwicklung und die Weiterbildung in privaten und öffentlichen Unternehmen wie z. B. Betrieben, Universitäten, Verwaltungen, Krankenhäusern, Kirche usw. ableiten lassen:

Operative Maßnahmen der Weiterbildung

Inhalte und Methoden moderner Personalentwicklung und Weiterbildung:

- Personalentwicklung in lernenden Unternehmen (Unterstützung des Know-how-Transfers und der Kulturbildung),
- Förderung von systemischen Denken und Handeln (Denken in Strukturen und Prozessen),
- Unterstützende Maßnahmen zur Persönlichkeitsentwicklung,
- Qualifizierung und neue Lernformen (Handlungs- und Reflexionslernen),
- Freiräume schaffen für Kreativität, Visionsbildung und Zukunftsszenarien,
- Gestaltung von Unternehmenskultur,
- Gezielte Frauenförderung,
- Grundlagen und Methoden der Beratung (Coaching und Supervision) und
- Evaluierung und Qualitätssicherung in der PE und Weiterbildung (Controlling).

Neue Managementtheorien und -konzepte:

- Management of Change (Unterstützung der Bildung ergebnisverantwortlicher Geschäftseinheiten, Trend zur Dezentralisierung und Divisionalisierung),

- Interkulturelles Management (Unterstützung der Internationalisierung und Globalisierung) und
- Visionäres Management und General Management.

Rolf Wunderer von der Universität St. Gallen (1995, S. 480–486) stellt in seinem Artikel „Führung – quo vadis? Die zentralen Entwicklungstrends in zehn Thesen" wichtige Aspekte heraus. Ich will die Thesen Wunderers und die Aussagen der Daimler-Benz AG zur Personalentwicklung durch eigene Aspekte ergänzen und diskutieren. Wunderer geht u. a. von folgenden Überlegungen zu Führung aus: interkulturelle Ausrichtung, stärkere Selbststeuerung, weichere und indirektere Steuerungsformen, mehr Führung – weniger Management, mehr Bezug auf Wandel, organisationsspezifischere oder qualitätsorientierte Konzepte und unternehmerische Ausrichtung.

Was lässt sich daraus für uns letztlich ableiten? Wenn mechanistische Ansätze zu Ladenhütern geworden sind und esoterische und charismatische Berater sich auf ihre Inseln zurückgezogen haben ist es vielleicht an der Zeit, andere Perspektiven in der Führung zu diskutieren. Vielleicht könnte es hier u. a. um Dinge gehen wie Charakter, Vertrauen, ökologisches Denken, Humor, Dialog, Demut, Chaos, lebenslange Lernbereitschaft, eigene Grenzen kennen, Vision, Intuition, soziale Kompetenz, Mut und Provokation, ethisches Bewusstsein und Bescheidenheit (vgl. u. a. Zehnder 1995, S. 468–475).

Ich will fünf Beispiele nennen.

3.1 Führung und Kultur

Expertenbefragungen zeigen, dass Kulturaspekten in der Führungsforschung größere Beachtung beigeschrieben werden muss. Damit in Verbindung steht eine stärkere Berücksichtigung von Fragen und Methoden der Ethnologie und anderer Kulturwissenschaften. Fragen, die uns in der Vergangenheit wichtig erschienen haben in unseren gegenwärtigen Lebensbezügen oftmals an Wertigkeit, an Esprit, an Erotik verloren. Die Archäologen interessieren nicht mehr die verborgenen Schätze der Trojaner, Inkas und Azteken als vielmehr die Beantwortung der Fragestellung: „Was hat zum Untergang großer Reiche geführt?" (vgl. Schliemanns Erben 1995). Welche Hinweise haben wir über Entstehung, Funktionieren und Scheitern früher Gesellschaften?

Das dabei gezeichnete Szenario kommt einem erschreckend bekannt vor: Überbevölkerung, Brandrodung, neue Technologien, Selbstglorifizierung der Herrschenden statt aktiver Problemlösungen, daraus folgende soziale Unruhen – alles Befunde über große Kulturen, die vor Tausenden von Jahren untergingen. Welche Schlüsse können wir aber aus der Vergangenheit für die Zukunft ziehen? Bei der Beantwortung dieser Frage bedient sich die Archäologie neuer, zeitgemäßer Methoden, die, wie die Fragestellungen auch, Resultat einer veränderten Denkhaltung sind. Die verborgenen materiellen oder ideellen Schätze berührt das zwar nicht direkt, das

Bild der Wirklichkeit aber sehr wohl. Die Antwort der Archäologie ist, dass eine hochkomplexe Wechselwirkung von ökologischen, sozialen, politischen und anderen Faktoren den Zusammenbruch verursacht hat. Der Wandel war schneller als das Lernen. Kultur braucht Zeit, entwickelt und entfaltet sich und kann nicht per Dekret verordnet werden. Dies bedeutet nicht, dass nicht auch Beiträge zur Kulturentwicklung zu leisten wären. „Nicht Kunst noch Wissenschaft allein, Geduld will bei dem Werke sein“ heißt es in Goethes Faust.

Klimt, Gustav
„Die Musik“, 1895

Können wir aber in unserer durch Beschleunigung gekennzeichneten Zeit überhaupt noch die Zeit zur Reflexion, überzeichnet gesprochen – die Zeit zur Verzögerung von Zeit – aufbringen? Es macht Sinn, Muster zu verändern und nicht dem Irrglauben zu erliegen, dass ein Mehr an 'Tat' gleichzeitig ein Mehr an 'Wertschöpfung' bedeutet. Es wäre zu prüfen, wo es nutzbringend ist innezuhalten, zu verzögern, nachzudenken. Oftmals unterliegen wir der Illusion, durch Beschleunigung der Dinge diese besser zu machen. Welcher Projektleiter bringt aber schon den Mut auf, ein Projekt abzubrechen, wenn dieses nicht mehr haltbar ist? Es wird eher gehandelt, wie es einer meiner Kursteilnehmer in einer Fallberatung zum Ausdruck gebracht hat: „Wissen Sie, ich bin da ja Projektleiter und da kann ich doch nicht sagen, dass die ganze Arbeit umsonst war.“ Zur Führung gehört Mut.

3.2 Führung und Politik

Das „kollektive Unbewusste" (C. G. Jung), wie z. B. Vorahnungen von Krisen, ist in Organisationen immer schon da, bedarf aber eines äußeren Anlasses, um in das Bewusstsein geholt zu werden. Individuell erscheinen uns traumatische Bilder in unseren Träumen, und diese werden erinnert oder sind am Morgen vergessen.

Die Center-Organisation schafft durch den Machtverlust zentralistischer Steuerungsorgane neue kleine Königreiche oder Fürstentümer. Dabei ist zu beobachten, dass bestimmte Entwicklungen in politischen Feldern wie z. B. der Zusammenbruch der UdSSR, der DDR oder Jugoslawiens in Wirtschaftssystemen ihre Nachahmer fanden. Es kam zum Krieg unter den Völkern (Bosnier/Serben; Russen/Tschetschenen). Aus Brüdern wurden Soldaten, aus Schwestern wurden Witwen.

Picasso, Pablo
„Corrida in Toros y Toreros", 1959
© *Succession Picasso*
VG Bild-Kunst, Bonn 1997

Was können wir aber daraus lernen? Wie können wir verhindern, dass Dezentralisierung zum Wirtschafts-„Krieg" unter den Völkern oder Centern führt. Vieles was in der Vergangenheit geschehen ist, taucht in der Gegenwart oder in der Zukunft wieder auf, auch das Erdichtete, das Virtuelle, das Fabel-hafte – denken wir nur an Shakespeares „King Lear" oder Kurosawas „Ran", wo letztlich die Töchter und die Söhne Krieg gegen den eigenen Vater führen. Die Führung von Organisationen muss deshalb auf beides Bezug nehmen, die dezentrale Centerorganisation einerseits und die gemeinsamen Unternehmensziele andererseits.

3.3 Führung und Kunst

Die Geschichte zeigt uns, dass fundamentaler Wandel oft über Katastrophen erfolgt ist. Systeme verschwanden und wurden durch neue ersetzt. Kein System besteht ewig. Und dennoch befinden wir uns in einer Zeit, in der Wandel oder Katastrophen globale Änderungen nach sich ziehen können. An vielen Beispielen erleben wir, dass die Sanierung eines Systems eine Katastrophe für ein anderes bedeuten kann. Die globalen Vernetzungen sind so weit fortgeschritten, dass auch in Zukunft der visionären Managementkompetenz hohe Bedeutung zukommen wird. Um diesen Herausforderungen zu begegnen, könnte die Führungskraft dem Vor-Bild Picassos folgen: Er brach mit der realen Abbildung der Wirklichkeit. Was bei Picasso abstrakt wurde und in der Auflösung des Realen den Boden für Neues schuf, bedeutet im Management den Mut zu Experimenten, die der Anpassung an Veränderung gerecht werden. Nicht das abbildene Führen ist gefragt im Sinne des Tuns von momentan Verlangtem, sondern das visionäre Führen hinsichtlich zukünftig Erwartetem.

Bedeutet die Forderung nach mehr Selbstorganisation und konsequenter Entscheidungsdelegation die „Entzauberung der Führung"? Wurde Führung damit ihres unmittelbaren Zwecks beraubt? Muss die entführte schöne Helena schleunigst wieder zurückgeholt werden? Ich glaube *nein*, Führung geschieht nur anders und wahrscheinlich wird sie damit wettbewerbsfähiger.

In der Musik geschieht ein aktives aus-sich-herausgehen durch den unmittelbaren Zugang zu Bereichen, die über verbal-abstrakte Kommunikation nicht unmittlbar erschlossen werden können. Auch in der Führung kann ein Unterschied gemacht werden zwischen „Musik komponieren" und „Musik erzeugen". Der ursprünglichste Ausdruck war das 'Singen', das nur des Menschen ohne eines Instruments bedarf. Im Management geschieht persönliche Führung durch die direkte Kommunikation. Ideen wurden in der Musik über Lieder als Impulse übertragen. Wie während der Reformationszeit (ab 1525), in der Renaissance, bei den Jesuiten und bei Bach, war Musik ein Mittel zum Transport von Gedanken, Gefühlen und Ideen. Breiten Bevölkerungsteilen wurden über die Musik Glaubensinhalte zugänglich gemacht. Wer den Musikgeschmack seiner Zeit und deren Zeitgenossen traf, konnte damit seine Botschaften herüberbringen. In der Führung geschieht das Gleiche – Botschaften können umso besser übermittelt werden, je persönlicher der Bote den Empfänger anspricht.

3.4 Führung und Geburt, Entwicklung und Tod

Jede Organisation und jeder Organismus wurde gezeugt, geboren, entwickelt sich und stirbt. Es gibt keinen Organismus und keine Organisation der/die ewig besteht. Entwicklung, sei es Personal- oder Organisatiosentwicklung setzt voraus, dass das zu Entwickelnde gezeugt und geboren wurde und dass es stirbt. Der Mensch und die Organisation muss mit diesem Bruch leben und es liegt vielleicht in der Natur dieses Lebens, dass der Tod sowohl vom Menschen als auch der Organisation verdrängt wird. Existenzbedrohendes wird nur symptomatisch aufgenommen, beim Organismus als Ermüdung, Stress und Herzinfarkt, bei der Organisation als Krise, „aktive Personalmaßnahmen" oder Bankrott.

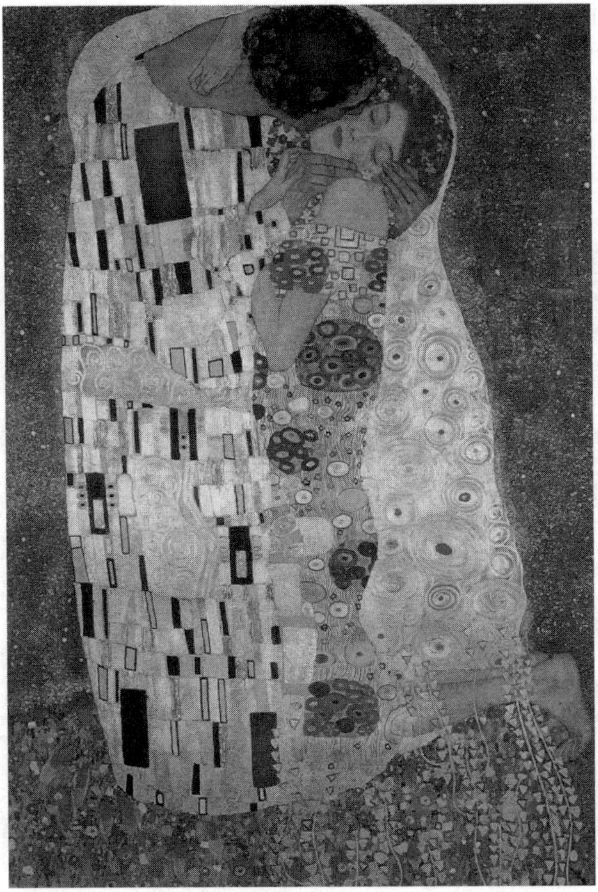

Klimt, Gustav, „Der Kuss", 1907/08

Vielleicht haben wir in der Medizin zuviel kurativ gehandelt und vielleicht könnte es ein Ratschlag an die Führung sein, mehr präventiv zu handeln.

Unser Management braucht die Kompetenz Frühwarnanlagen zur Ermittlung von Krisen und Veränderungen zu etablieren und das Management muss sich daran, als Kriterium der eigenen Führungskompetenz, messen lassen. Ganzheitliche Betrachtungsweisen zeigen Erfolge, und es kommt nicht nur darauf an, nach isolierten Ursachen zu forschen, sondern auf komplexe Wechselwirkungen zu achten. Management muss auf dem Hintergrund eines gesunden Lebenswandels betrieben werden, „Persönlichkeit" ist gefragt. Die

Unterschiede und die Zusammenhänge zwischen Persönlichkeitsentwicklung einerseits, und Personalentwicklung andererseits sind herauszustellen. Wenn der Organismus oder die Organisation krank oder anfällig ist bedarf es eines Wandels, einer Veränderung der Lebensumstände. Es bedarf einer anderen Lebens-Führung oder Organisations-Führung.

3.5 Führung und Begegnung

Führung geschieht da, wo sich Menschen und Systeme begegnen. Damit ist Führung auf den Dialog, die Auseinandersetzung angewiesen. Aus dieser Begegnung werden, systemisch gesprochen, Wirklichkeiten über andere Menschen oder andere Systeme konstruiert. Um der autopoietischen Geschlossenheit des eigenen Sinnsystems zu entfliehen, um Impulse, Ideen und Anregungen zu erhalten, ist es notwendig, Begegnung zu ermöglichen – nicht nur im Suchen, manchmal auch im Finden. Alle Dezentralisierung und alle Centerorganisation steht dem nicht entgegen. Führung bedarf, wie es uns die Diskussion um die lernende Organisation zeigt, der Vernetzung. Vielleicht braucht Führung sogar eine Spur Chaos, denn „man muss Chaos in sich haben, um einen tanzenden Stern zu gebären“, wie Nietzsche sagt.

Macke, August
„Leute, die sich begegnen“, 1914

Zum Schluss

„Das dualistische Prinzip der Apokalypse – nach dem Schrecken folgt immer die Erlösung – hat den Menschen über Jahrtausende hinweg die Furcht vor der Zukunft erträglich gemacht", so *Der Spiegel.*

Wir tragen Verantwortung für unseren Stern, den in Stuttgart und anderswo – und – den im Weltall – dieser Verantwortung sollten wir vor unseren Kindern und unseren Kunden, sowie unseren Enkeln und den Kunden des 21. Jahrhunderts durch unser persönliches Vorbild gerecht werden.

Literatur

Literatur

Arnold, R. (1985). *Deutungsmuster und pädagogisches Handeln in der Erwachsenenbildung. Aspekte einer Sozialpsychologie der Erwachsenenbildung und einer erwachsenenpädagogischen Handlungstheorie.* Bad Heilbrunn: Klinkhardt.

Arnold, R. (1991). *Betriebliche Weiterbildung.* Bad Heilbrunn: Klinkhardt.

Adler, A. (1930). *Die Technik der Individualpsychologie.* Teil II. München: Bergmann.

Aurin, K. (1993). *Auffassungen von Schule und pädagogischer Konsens.* Stuttgart: M & P.

Bangert, M. & Götz, K. (1996). „Macht" – „Führung" – „Sinn" – macht Führung Sinn?! Zum Verhältnis von Unternehmenskultur und Marktstrategie. *Vierteljahresschrift für wissenschaftliche Pädagogik, 72,* 362–376.

Bass, B. M. (Ed.). (^{3}1990). *Bass & Stogdill's handbook of leadership. Theory, research, and mangerial applications.* New York: Free Press.

Berger, P. L (1966, ^{5}1980). *Die gesellschaftliche Konstruktion der Wirklichkeit: Eine Theorie der Wissenssoziologie.* Frankfurt am Main: Fischer.

Berth, H. (1993). *Erfolg: Überlegenheitsmanagement. 12 Mind-Profit-Strategien mit ausführlichem Testprogramm.* Düsseldorf: Econ.

Blake, R. & Mouton, J. S. (1968). *Verhaltenspsychologie im Betrieb.* Düsseldorf: Econ.

Bleicher, K. (1971). *Perspektiven für Organisation und Führung von Unternehmungen.* Baden-Baden und Bad Homburg: Gehlen.

Bleicher, K. (1979). *Unternehmensentwicklung und organisatorische Gestaltung.* Stuttgart: Fischer.

Bleicher, K. (1981, ^{2}1990). *Organisation. Formen und Modelle.* Wiesbaden: Gabler.

Bleicher, K. (1991, ^{2}1992). *Das Konzept Integriertes Management.* Frankfurt am Main: Campus.

Bloom, B. S. (1972). *Taxonomie von Lernzielen im kognitiven Bereich.* Weinheim: Beltz.

Bowers, D. G. & Seashore, S. E. (1966). Predicting organizational effectiveness with a four-factor theory of leadership. *Administrative Science Quarterly, 11,* 238–263.

Bühner, R. (1993). Die schlanke Management-Holding. *Zeitschrift für Führung und Organisation, 62* (1), 9–19.

DaimlerBenz. Personalentwicklung Obere Führungskräfte (06/95). *Ergebnisse der Führungskräfteplanungsrunde 1995.* Stuttgart (unveröffentlichter Bericht).

Der Spiegel (1. Januar 1996). *Am Rande des Abgrunds.* S. 124–137.

Ebers, M. (1992). Organisationskultur und Führung. In *Handwörterbuch der Organisation* (S. 1620–1630). Stuttgart: Schäffer-Poeschel.

Foerster, H. v. (1988). *Abbau und Aufbau.* In F. B. Simon (Hrsg.), Lebende Systeme (S. 19–33). Berlin: Springer.

Eglau, H. O. (1991). *Edzard Reuter.* Düsseldorf: Econ.

Elias, N. (^{2}1969). *Der Prozeß der Zivilisation. Soziologische und psychologische Untersuchungen.* Frankfurt am Main: Suhrkamp.

Expertenbefragung (1995). Zukunft der Mitarbeiterführung. Ergebnisse einer Expertenbefragung. *Personalführung,* (6), 452–466.

Focus (18. Dezember 1995). *Blick ins 21. Jahrhundert.* S. 173–178.

Fittkau-Garthe, H. & Fittkau, B. (1971). *Fragebogen zur Vorgesetzten-Verhaltens-Beschreibung.* Göttingen: Hogrefe.

Froschauer, U. & Lueger, M. (1992). *Das qualitative Interview zur Analyse sozialer Systeme.* Wien: WUV-Universitätsverlag.

Gomez, P. (1985). Systemorientiertes Problemlösen im Management: Von der Organisationsmethodik zur Systemmethodik. In G. J. B. Probst & H. Siegwart (Hrsg.), *Integriertes Management – Bausteine des systemorientierten Mangements* (S. 235–260). Bern: Haupt.

Gomez, P. (1990). Autonomie durch Organisation – Die Gestaltung unternehmerischer Freiräume. In K. Bleicher & P. Gomez (Hrsg.), *Zukunftsperspektiven der Organisation*. Festschrift zum 65. Geburtstag von Prof. Dr. Robert Staehle (S. 157–178). Bern: Stämpfli.

Gomez, P., Hahn, D., Müller-Stewens, G. & Wunderer, R. (1994). (Hrsg.). *Unternehmerischer Wandel. Konzepte zur organisatorischen Erneuerung*. Wiesbaden: Gabler.

Gomez, P. & Müller-Stewens, G. (1994). Corporate Transformation. Zum Management fundamentalen Wandels großer Unternehmen. In P. Gomez, D. Hahn, G. Müller-Stewens & R. Wunderer (Hrsg.), *Unternehmerischer Wandel. Konzepte zur organisatorischen Erneuerung* (S. 135–198). Wiesbaden: Gabler.

Gomez, P. & Probst, G. J. B. (1987). *Vernetztes Denken im Management. Eine Methodik des ganzheitlichen Problemlösens*. Bern: Volksbank.

Götz, K. (1993a). *Zur Evaluierung beruflicher Weiterbildung. Eine theoretische und empirische Studie zur Wirksamkeit beruflicher Weiterbildung*. Band 1. Theoretische Grundlagen. Weinheim: Deutscher Studien Verlag.

Götz, K. (1993b). *Zur Evaluierung beruflicher Weiterbildung. Eine theoretische und empirische Studie zur Wirksamkeit beruflicher Weiterbildung*. Band 2. Empirische Untersuchungen. Weinheim: Deutscher Studien Verlag.

Götz, K. (Hrsg.). (1994). *Theoretische Zumutungen. Vom Nutzen der systemischen Theorie für die Managementpraxis*. (Systemisches Management, hrsg. von Hans Rudi Fischer und Peter-W. Gester; mit Beiträgen von M. von Brück, K. Götz, P. Heintel/E. E. Krainz, H. Konrad, J. Oelkers, W. Putz-Osterloh, M. Steinbrecher, W. Welsch, H. Willke, M. Wollnik). Heidelberg: Carl-Auer-Systeme.

Götz, K. (1995). Perspektiven der betrieblichen Weiterbildung. In AUE. Arbeitskreis universitäre Erwachsenenbildung e. V. (Hrsg.), *Hochschule und Weiterbildung*. (Band 2) (S. 23–31). Bielefeld: AUE.

Götz, K. (1996a). *Vom Paradies zur Apokalypse? Organisationen zwischen Steinzeit und Endzeit*. Würzburg: Ergon.

Götz, K. (1996b). Organisationsentwicklung als Spiel. In P. Diepold (Hrsg.), *Berufliche Aus und Weiterbildung: Konvergenzen/Divergenzen, neue Anforderungen/alte Strukturen*. Berlin: Institut für Arbeitsmarkt- und Berufsforschung der Bundesanstalt für Arbeit.

Heid, H. (1993). Wende in der Forschungspolitik? *Zeitschrift für Berufs- und Wirtschaftspädagogik*, *89* (3), 225–227.

Hejl, P. (1982). *Sozialwissenschaft als Theorie selbstreferentieller Systeme*. Frankfurt am Main: Campus.

Hejl, P. (1987). Konstruktion der sozialen Konstruktion: Grundlinien einer konstruktivistischen Sozialtheorie (S. 303–339). In S. Schmidt (Hrsg.), *Der Diskurs des radikalen Konstruktivismus*. Frankfurt am Main: Campus.

Heintel, P. (1985). Motivforschung und Forschungsorganisation – ein neuer integrativer Forschungsansatz. Das Forschungsmodell nach G. Schwarz (bezogen spezifisch auf die Produktforschung). In H. Fischer (Hrsg.), *Forschungspolitik für die 90iger Jahre* (S. 408–410). Heidelberg: Springer.

Heintel, P. (1986). Zur gegenwärtigen Situation von Wissenschaft. In A. Bammé, W. Berger & E. Kotzmann (Hrsg.), *Anything goes – science everywhere? Konturen von Wissenschaft heute* (S. 27–55). München: Profil.

Heintel, P. (1991). Personalentwicklung in der Spannung von Organisation, Funktion und Person. Eine Skizze. In A. Bammé, W. Berger & E. Kotzmann (Hrsg.), *Klagenfurter Beiträge zur Technikdiskussion*. Heft 55. Klagenfurt: IFF.

Heintel, P. & Götz, K. (1993). Den Wandel begleiten ... In K. Götz, P. Brunner, F. Gairing & S. Schuh (Hrsg.), *Umbrüche – Aufbrüche. Menschen und Organisationen im Wandel* (S. 153–171). Würzburg: Ergon-Verlag.

Herkner, W. (1983). *Einführung in die Sozialpsychologie.* Bern: Haupt.

Hersey, P. & Blanchard, K.H. (1977). *Management of organizational behavior: utilizing human resources.* New York: Prentice-Hall.

Kieser, A. (Hrsg.). (1981). *Organisationstheoretische Ansätze.* München: Vahlen.

Kieser, A. (1985). Wie rational kann man die Organisation einer Unternehmung gestalten? *Die Unternehmung,* 4, 367–378.

Kieser, A. (1990). Organisationsstruktur, Unternehmensstruktur und Innovation. In Bleicher, K. & Gomez, P. (Hrsg.), *Zukunftsperspektiven der Organisation. Festschrift zum 65. Geburtstag von Prof. Dr. Robert Staerkle* (S. 175–178). Bern: Stämpfli.

Kieser, A. & Kubicek, H. (1976, ^{3}1992). *Organisation.* Berlin: De Gryter.

Kirsch, W. (1991). *Unternehmenspolitik und Strategische Unternehmensführung.* München: Münchener Schriften zur angewandten Führungslehre (Hrsg: Prof. Dr. W. Kirsch).

Kirsch, W. (1991). *Kommunikatives Handeln, Autopoiese, Rationalität.* München: Münchener Schriften zur angewandten Führungslehre (Hrsg: Prof. Dr. W. Kirsch).

Kirsch, W., Esser, W.M. & Gabele, E. (1979). *Das Management des geplanten Wandels von Organisationen.* Stuttgart: Poeschel.

Kirsch, W. & Knyphausen, D. (1991). Unternehmungen als „autopoietische" Systeme? In Staehle, W. H. & Sydow, J. (Hrsg.), *Managementforschung* 1 (S. 75–101). Berlin: De Gryter.

Klimecki, R. G. (1985). *Laterale Kooperation. Zur Analyse und Gestaltung der Zusammenarbeit zwischen Abteilungen in der Unternehmung.* Bern: Haupt.

Klimecki, R. G., Probst, G. J. B. & Eberl, P. (1991). Systementwicklung als Managementproblem. In W.H. Staehle & J. Sydow (Hrsg.), *Managementforschung 1* (S. 103–162). Berlin: De Gryter.

Lewin, K. (1963). *Feldtheorie in den Sozialwissenschaften.* Bern: Huber.

Luhmann, N. (^{2}1985). *Soziale Systeme, Grundriß einer allgemeinen Theorie.* Frankfurt am Main: Suhrkamp.

Malik, F. (1992). *Systemisches Management, Evolutionen, Selbstorganisation – Grundprobleme, Funktionsmechanismen und Lösungsansätze für komplexe Systeme.* Bern und Stuttgart: Haupt.

Malik, F. & Stelter, D. (1190). *Krisengefahren in der Weltwirtschaft. Überlebensstrategien für das Unternehmen.* Stuttgart: Schäffer-Poeschel.

Management Zentrum St. Gallen (1994). *Informationsbroschüre.* St. Gallen.

Mann, R. (1990). *Das ganzheitliche Unternehmen. Die Umsetzung des neuen Denkens in der Praxis zur Sicherung von Gewinn und Lebensfähigkeit.* Bern: Huber.

Maslow, A. H. (1954). *Motivation and personality.* New York.

Mathes, R. (1988). „Quantitative" Analyse „qualitativ" erhobener Daten? Die hermeneutisch-klassifikatorische Inhaltsanalyse von Leitfadengesprächen. *ZUMA-Nachrichten, 22,* 60–78.

Maturana, H. (1977, 1985). *Biologie der Sozialität.* Delfin, 2 (5), 6–14.

McGregor, D. (1966). *Leadership and Motivation. Essays edited by Warren G. Bennis and Edgar H. Schein.* Cambridge, Mass.: M. I. T. Press.

McGregor, D. (Engl. 1960, Dt. 1970). *Der Mensch im Unternehmen.* Düsseldorf: Econ.

Mercedes-Benz Personal (Hrsg.). *Szenario 2003. Anforderungen an die Personalarbeit im Jahr 2003 bei Mercedes-Benz, Standort Stuttgart.* Stuttgart (unveröffentlichter Projektbericht).

Mintzberg, H. (1973). *The nature of managerial work.* New York: Harper & Row.

Mintzberg, H. (1983). *Power in and around organizations.* Englewood Cliffs, N. J.: Prentice-Hall.

Neuberger, O. (1984, ^{3}1990). *Führung.* Stuttgart: Enke.

Neuberger, O. (1990, ^{4}1994). *Führen und geführt werden.* Stuttgart: Enke.

Neuberger, O. (1993). Mikropolitik. In L. v. Rosenstiel (Hrsg.). *Führung von Mitarbeitern* (S. 39–48). Stuttgart: Schäffer-Poeschel.

Neuberger, O. & Kompa, A. (1987). *Wir – die Firma. Der Kult um die Unternehmenskultur.* Weinheim: Beltz.

Oeser, E. & Seitelberger, F. (1988). *Gehirn, Bewußtsein und Erkenntnis.* Darmstadt: Wissenschaftliche Buchgesellschaft.

Osterloh, M. (1993). *Interpretative Organisations- und Mitbestimmungsforschung.* Stuttgart: Schäffer-Poeschel.

Parsons, T. (1964). *On building social system theory.* New York: The Free Press.

Parsons, T. (1967). *Sociological Theory and Modern Society.* New York: The Free Press.

Parsons, T. (1972). *Das System moderner Gesellschaften.* Opladen: Westdeutscher Verlag.

Parsons, T. (1975). *Gesellschaften. Evolutionäre und komparative Perspektiven.* Frankfurt am Main: Suhrkamp.

Parsons, T. (1977). *Sozialstruktur und Persönlichkeit.* Frankfurt am Main: Fachbuchhandlung für Psychologie.

Peters, T. & Waterman, R. (1983). *Auf der Suche nach Spitzenleistungen.* Landsberg: Verlag Moderne Industrie.

Probst, G. J. B. (1987). *Selbst-Organisation. Ordnungsprozesse in sozialen Systemen aus ganzheitlicher Sicht.* Berlin: Parey.

Probst, G. (1992). Selbstorganisation (S. 2255–2269). In Enzyklopädie der Betriebswirtschaftslehre. Band II *Handwörterbuch der Organisation.* Stuttgart: Schäffer-Poeschel.

Probst, G. J. B. & Siegwart, H. (Hrsg.). (1985). *Integriertes Management – Bausteine des systemorientierten Managements.* Bern: Haupt.

Revermann, K.-D. (1989). *Konstruktion und Selbstorganisation. Eine Abhandlung zur Wissenschaftstheorie, Anthropologie und Psychologie der Pädagogik im Rahmen des organismisch-systemischen Modells.* Frankfurt am Main: Peter Lang.

Roethlisberger F. J. & Dickson, W. J. (1939). *Management and the Worker.* Cambridge/Mass.: Harvard University Press.

Rosenstiel, L. v. (1980, ^{3}1992). *Grundlagen der Organisationspsychologie.* Suttgart: Schäffer-Poeschel.

Rosenstiel, L. v. (1993). Grundlagen der Führung. In L. v. Rosenstiel u. a. (Hrsg.), *Führung von Mitarbeitern. Handbuch für erfolgreiches Personalmanagement* (S. 3–25). Stuttgart: Schäffer-Poeschel.

Rosenstiel, L. v., Molt, W. & Rüttinger, B. (1972, ^{7}1988). *Organisationspsychologie.* Stuttgart: Kohlhammer.

Rosenstiel , L. v. & Stengel, M. (1987). *Identifikationskrise? Zum Engagement in betrieblichen Führungspositionen.* Bern: Huber.

Saldern, M. v. (1992). Von Metapher zu Metapher – eine kritische Auseinandersetzung mit Kösels 'Subjektiver Didaktik'. *Zeitschrift für Berufs- und Wirtschaftspädagogik, 88* (5), 428–436.

Sattelberger, T. (Hrsg.). (1989). *Innovative Personalentwicklung. Grundlagen, Konzepte, Erfahrungen.* Wiesbaden: Gabler.

Sattelberger, T. (Hrsg.). (1991). *Die lernende Organisation.* Wiesbaden: Gabler.

Sattelberger, T. (1992). Die lernende Organisation – im magischen Dreieck von Strategie-, Kultur-, und Strukturentwicklung. *Personalführung,* 4, 286–295.

Sattelberger, T. (1994). Personalentwicklung. Quo Vadis. *Personalentwicklung* [Jubiläumsheft], 31–36.

Schein, E. H. (1970). *Organizational Psychology.* Englewood Cliffs: Jossey.

Schlieper, F. (1963). *Allgemeine Berufspädagogik.* Freiburg: Lambertus.

Schmid, B. (1987). Gegen die Macht der Gewohnheit: Systemische und wirklichkeitskonstruktive Ansätze in Therapie, Beratung und Training. *Organisationsentwicklung, 6* (4), 21–42.

Schmidt, S. J. (1986). *Selbstorganisation – Wirklichkeit – Verantwortung. Der wissenschaftliche Konstruktivismus als Erkenntnistheorie und Lebensentwurf.* Siegen: Lumis-Publications.

Schmidt-Denter, U. (1992). *Chaosforschung: Eine neue physikalische Herausforderung an die Psychologie? Psychologie in Erziehung und Unterricht, 39, 1–16.*

Senzky, K. (1974). *Management der Erwachsenenbildung – eine Einführung.* Stuttgart: Kohlhammer.

Sievers, B. (Hrsg.). (1977). *Organisationsentwicklung als Problem.* Stuttgart: Klett-Cotta.

Sievers, B. (1982). Organisationsentwicklung als Lernprozeß personaler und sozialer Systeme oder: Wie läßt sich Organisationsentwicklung denken? *Organisationsentwicklung,* 1, 2–16.

Spencer, H. (1862). *Man versus the State.* London.

Staehle, W.H. ([6]1991). *Management. Eine verhaltenswissenschaftliche Perspektive.* München: Vahlen.

Steiner, E. (1987). Selbstorganisierende Systeme. Ein neues theoretisches Fundament für die Familientherapie? *Delfin, 4* (8), 48–58.

Süddeutsche Zeitung (16. Januar 1996). *Furcht vor Kriminalität und Arbeitslosigkeit. Zukunftsangst nicht mehr „grün" gefärbt.*

Taylor, F.W. (1915). *The principles of scientific management.* NewYork (dt. Weinheim 1977).

Türk, K. (1978). *Soziologie der Organisation – Eine Einführung.* Stuttgart: Enke.

Türk, K. (1989). *Neuere Entwicklungen in der Organisationsforschung – Ein Trend-Report.* Stuttgart: Enke.

Ulrich, H. (1968). *Die Unternehmung als produktives soziales System.* Bern: Haupt.

Ulrich, H. & Krieg, W. (1974). *Das St. Galler Management-Modell.* Bern: Haupt.

Ulrich, H. & Probst, G. J. B. (1988). *Anleitung zum ganzheitlichen Denken und Handeln. Ein Brevier für Führungskräfte.* Bern: Haupt.

Varela, F. (1979). *Principles of Biological Autonomy.* New York: Elsevier North Holland.

Watzlawick, P. (1981). *Die erfundene Wirklichkeit.* München/Zürich: Piper.

Weber, M. (1922, [5]1972). *Wirtschaft und Gesellschaft.* Tübingen: Mohr.

Weinert, A. (1987). *Lehrbuch der Organisationspsychologie. Menschliches Verhalten in Organisationen.* München: Psychologie Verlags Union.

Willke, H. (1992). Beobachtung, Beratung und Steuerung von Organisationen in systemtheoretischer Sicht. In R. Wimmer (Hrsg.), *Organisationsberatung. Neue Wege und Konzepte* (S. 17–42). Wiesbaden: Gabler.

Willke, H. (1993). *Systemtheorie.* UTB-Taschenbuch. Stuttgart: G. Fischer.

Wunderer, R. (1993). *Führung und Zusammenarbeit. Beiträge zu einer Führungslehre.* Stuttgart: Schäffer-Poeschel.

Wunderer, R. (1995). Führung – quo vadis? Die zentralen Entwicklungstrends in zehn Thesen. *Personalführung,* (6), 480–486.

Wunderer, R. & Grunwald, W. (1980). *Führungslehre. Band I. Grundlagen der Führung.* Berlin: Walter de Gruyter.

ZDF (7. Januar 1996). *Schliemanns Erben. Auf den Spuren versunkener Königreiche.*

Zehnder, E. (1995). Mitarbeiterführung in den 90er Jahren. Sichtweise der Executive Search Beratung. *Personalführung,* (6), 468–475.

Anhang

Was Führungskräfte im Coaching und im Training sagen

Der Mann kann was und will nicht, die anderen wollen und können nicht.

Ein Teamleiter über seine Mitarbeiter

Ich bin da ja Projektleiter und dann kann ich ja nicht sagen, dass die Arbeit total schlecht war.

Ein Projektleiter über sein Projekt

Irgendwann mussten wir halt mal Ergebnisse der Hierarchie hochmelden.

Ein Teamleiter

Wir haben unter den Mitarbeitern zuviel Schrott!

Ein Teamleiter

Wissen Sie, in unserem Bereich herrscht Krieg und jetzt bekommen wir von Ihnen keine Führungsinstrumente wie man diesen Krieg gewinnen kann.

Ein Teamleiter über seinen Bereich

Welches Interesse haben wir eigentlich daran, die Fragen so zu stellen, wie wir sie stellen?

Ein Abteilungsleiter

Ziele sind dafür da, dass man sie hoch steckt, die Abstriche kommen dann von selbst.

Eine Führungskraft über Zielvereinbarungen

Es war keine Arbeit, weil es Spaß gemacht hat.

Eine Führungskraft über eine Gruppenarbeit

Verkaufen wir eigentlich nach so einem Seminar *ein* Auto mehr?

Standardspruch

Wenn wir jetzt mal nach dieser Übung den Personalverrechnungssatz zur Grundlage nehmen, diesen mit der Anzahl der Seminarteilnehmer multiplizieren und durch die Zeitdauer dividieren, dann hat uns die Übung xxxx,-- DM gekostet.

Ein Teilnehmer im Führungskräftetraining aus dem Bereich Finanzen und Controlling

Ich glaube, die Lösung haben wir, aber die passt irgendwie überhaupt nicht zum Problem.

Teilnehmer (Führungskraft) einer selbstgesteuerten Beratungsgruppe

Die Übung, die wir gerade gemacht haben, wäre ja schon gut, wenn sie mich emotional nicht so betroffen gemacht hätte. Aber das, was ich erlebt habe, ist ja leider bitter ernst.

Teilnehmer einer Bereichsentwicklung nach einer gruppendynamischen Übung

Meinen Sie denn wirklich, dass zur Zeit unsere Leute Zeit haben für eine Untersuchung über das Thema Zeit?

Eine Führungskraft

Offen gesagt, wir sind überhaupt nicht auf die Idee gekommen, mit der Hierarchie über unsere Probleme mit der Arbeit zu sprechen.

Ein Teamleiter über seine Arbeit

Jetzt hoffe ich halt nur, dass mir meine Frau im Ausland keine Probleme macht.

Eine Führungskraft vor dem Auslandseinsatz

Erste Gruppe: Zu den Tabu-Themen haben wir *eigentlich nichts* gefunden.
Zweite Gruppe: Zu den Tabu-Themen gibt es *nichts vorzutragen.*
Dritte Gruppe: Tabu-Themen hatten bei uns *nicht erste Priorität.*

Aus einer Gruppenarbeit zum Thema Unternehmenskultur etc.

Ich trage es vor, lesen kann man es ja eh' nicht.

Eine Ergebnispräsentation

Wir sollten uns überlegen
wie wir eventuell vorgehen,
deshalb habe ich mir Gedanken gemacht,
die möchte ich ihnen eventuell vorstellen,
wäre das ein Vorschlag?

Ein Prozessvorschlag einer Top-Führungskraft

... auch auf die Gefahr hin, dass ich das Zeitbudget etwas strapaziere, aber man könnte es auch ganz anders machen ... schütteln Sie nicht den Kopf Herr C.

Ein Methodenvorschlag

... mit meinem Gehalt ist eine gewisse Frustrationstoleranz mit abgedeckt.

Ein Vorstand

Wenn man all die neumodischen Worte wie „lean", „Denke", „Mission oder Vision" nicht benutzt, dann ist man ruiniert. Jetzt ist mir aufgefallen, dass sie selbst der Herr A, der Herr B und auch der Herr C benutzt ... und irgendwann ist mir dann aufgefallen, dass ich selbst sie jetzt auch benutze.

Eine Sachbearbeiterin

Ein Referent muss meiner Meinung nach nicht in Anzug und Krawatte vor der Gruppe stehen, doch sollte er auch nicht in Jeans und Sweatshirt erscheinen! Sonst stellt sich evtl. die Frage: „Ist das der Referent, oder der Hausmeister ...?"

Teilnehmer eines Führungskräftetrainings

Der Auftrag ist von einer Person zur anderen gewandert, hat sich dann etwas verformt, und hat sich am Ende dann ganz aufgelöst.

Ein Abteilungsleiter

Ihre Intervention, jetzt hier zu Entschleunigen finde ich aber eher als ein Verlangsamen.

Teilnehmer eines Workshops

Um in meiner Karriere weiterzukommen müsste ich praktisch mit dem 12-Zylinder-Motor in den anderen Bereich mitgehen.

Teilnehmer aus dem Bereich Motorenentwicklung

Ich habe jetzt wenig Ergebnisse, wenn ich auch viel gelernt habe.

Teilnehmer eines Führungskräftetrainings

Lasst uns etwas tun, was nicht wichtig ist; damit die Leute, die nicht da sind, nicht etwas Wichtiges verpassen.

Teilnehmer eines Führungskräftetrainings

In meiner jetzigen Situation muss ich mich einfach im Fluss des Lebens weitertreiben lassen und immer kräftig gegen den Strom schwimmen.

Teilnehmer eines Führungskräftetrainings

Eine Gruppe braucht Schaumschläger.

Reflexion einer Führungskraft

Im Grunde kann man ja über Gefühle nicht vernünftig reden.

Eine Führungskraft

Was Führungskräfte zu ihren Sekretärinnen sagen

Wenn ich Sie nicht hätte.
Was soll ich abends ohne Sie tun?
Wir kommen ganz gut ohne Sie klar!
Sie sind so gut, für was brauchen Sie eigentlich diesen Kurs?
Ich kann doch nicht immer nur allein denken!
Rechtfertigen Sie sich doch nicht!
Sie sollen nicht denken, arbeiten Sie!
Wenn Sie glauben, dass Sie den Urlaub brauchen ...
Krankheit ist Willenssache!
Hat der/die nichts zu tun?
Nicht mein Problem, ist mir wurscht!
Dafür hab' ich keine Zeit!
Sie machen das so toll!
Dafür bin ich zu teuer!
Dafür hab' ich nicht studiert.
Ich bin hier der Chef!
Hören Sie schlecht?
Haben „wir" das schon gemacht?
Für was sind Sie denn hier?
Früher hat das aber meine Sekretärin gemacht!
Das machen wir schon immer so!
Wird Zeit, dass der geht!
Wieso wissen Sie das nicht?
Ich muss mich darauf verlassen können!
Das Telefon muss immer besetzt sein!
Das können wir uns nicht leisten!
Wenn das noch einmal passiert, muss ich mich von meinem *Sekretariat* trennen!
Das Vorzimmer muss besetzt sein!
Ich möchte eine fröhliche Sekretärin!
Wer arbeiten will, muss fröhlich sein!
... sind doch nur junge Gören!
Wenn man schon so heißt ...
Das muss der Chef entscheiden (sagt der Chef)!

Zur Reflexion

Erste Frage

Sie sehen sich als Leiter(in) nach jahrelanger guter Arbeit dazu gezwungen, Ihr Bildungswesen zu einem Dienstleistungsunternehmen umzustrukturieren. Welche Gründe sprechen eigentlich für diese einschneidende Maßnahme? Wie wird dieses Interesse von Seiten

- des Betriebsrates
- der Unternehmensleitung und
- ihrer Mitarbeiter

diskutiert? Wie argumentieren und wie handeln Sie als Leiter(in) des betrieblichen Bildungswesens in dieser Situation, die durch Interessensgegensätze gekennzeichnet ist? Erkennen Sie Wege, die ermöglichen, dass jeder gewinnt?

Zweite Frage

Sie halten auf dem internationalen Kongress „Weiterbildungsmanagement – Leiten und Führen betrieblicher Bildungseinrichtungen" das Hauptreferat. Sie diskutieren die Punkte

- meine *Hauptgeschäftsfelder*
- meine größten *Probleme*
- meine wichtigsten *Ressourcen* und *Verbündete*.

Welche „Highlights" stellen Sie dar, und welchen kritischen Fragen haben Sie zu erwarten?

Dritte Frage

Nach jahrelanger Budget- und Personalknappheit dürfen Sie als Leiter(in) des betrieblichen Bildungswesens wieder eine/n Mitarbeiter(in) einstellen. Ihr/e Wunschkandidat(in) beantwortet Ihre fünf Fragen:

(1) Welche *Vision* haben Sie über die betriebliche Bildungsarbeit?
(2) Was ist Ihr strategisches *Ziel*?
(3) Wie betrieben Sie *Bildungsmarketing*?
(4) Was verstehen Sie unter *Nutzen* von Bildung?
(5) Wer ist Ihr *Kunde*?

Welche Antworten gibt Ihr/e Wunschkandidat(in)?

Vierte Frage

Wir schreiben das Jahr 2020, Sie befinden sich als ehemalige/r Leiter(in) eines betrieblichen Bildungswesens nun den ersten Tag in ihrer *Pension* und blicken zurück auf den Beginn Ihrer steilen Karriere in der Mitte der 90er Jahre des letzten Jahrtausends. Sie machen sich Gedanken über ein heißes Thema in dieser Zeit, nämlich …

"♎♋⬧ ☜■♎♏ ♎♏❒ ♑❒□←♏■ ☜■⧫⬥✓❒♐♏ ◆■♎ ♎♋⬧ ✋●✓♒♏■ ⬧⌧⬧⧫♏❍♓⬧♍♒♏■ ☞♏■🙵♏■⬧",

„das Ende der großen Entwürfe und das Blühen systemischen Denkens“. Welche Aspekte dieser Denkweise haben Sie bei Ihrer beruflichen Karriere unterstützt, welche haben Sie behindert? Mit welchen Strategien beschäftigt sich Ihr ehemaliger Arbeitgeber? Welche Rolle spielen der Mensch, die Struktur und die Bildung?

Fünfte Frage

Wir schreiben das Jahr 2050, Sie feiern Ihren *90. Geburtstag* und Sie diskutieren mit Ihren Festgästen über den erreichten Stand der betrieblichen Bildung und die Zukunft der Industriegesellschaft. Was von den Schlagworten „ganzheitlich, systemisch, vernetzt“ etc. ist noch immer aktuell, und was aus dieser vergangenen Zeit kann zu den Akten gelegt werden? Worauf haben die Visionäre und die Systemiker von damals hingewiesen und was haben die Politiker und die (Bildungs-)Manager versäumt zu tun?

Letzte Frage

Wie erklären Sie als Leiter(in) eines betrieblichen Bildungswesens Ihren *Kindern* was Sie tun, und wie begründen Sie Ihrem *Arbeitgeber* wofür er Sie bezahlt?

Band 3: Rolf Arnold

Betriebliche Weiterbildung

Selbstorganisation – Unternehmenskultur – Schlüsselqualifikationen

2. Auflage, 1995. II, 214 Seiten. Kt. ISBN 3871169811. FPr. DM 26,—

Erwachsenenbildung und berufliche Weiterbildung haben in den letzten Jahren kaum wirklich voneinander Kenntnis genommen. Statt wechselseitiger Information und Diskurs schienen eher Unterstellungen vorzuherrschen. Dies ist gerade angesichts der beide Verständigungssysteme gleichermaßen betreffenden Herausforderung durch die technische Entwicklung immer weniger zu rechtfertigen.

Einen Versuch zur Überwindung dieser Spaltung legt *Rolf Arnold* in Band 3 der Reihe vor, indem er zunächst *Tendenzen und Konzepte* und in einem zweiten Teil *Professionalität und Praxis* betrieblicher Weiterbildung beschreibt.

Dabei wird der Leser u. a. über die Unternehmenskultur als Kultur der Selbstorganisation, die „tool-box" betrieblicher Weiterbildung und die Rolle, die Deutungen und Konstruktionen in der Diskussion der betrieblichen Weiterbildung spielen, informiert.

Band 4: Rolf Arnold / Horst Siebert

Konstruktivistische Erwachsenenbildung

Von der Deutung zur Konstruktion von Wirklichkeit

2. Auflage, 1997. IV, 185 Seiten. Kt. ISBN 3871168912. FPr. DM 29,80

Erwachsenenbildung stellt sich bereits immer schon als Deutungslernen, d. h. als die systematische, mehrfachreflexive und auf Selbsttätigkeit verwiesene Auseinandersetzung des Erwachsenen mit eigenen und fremden Deutungen dar. Verfügbare Konstruktionen von Wirklichkeit können in den Veranstaltungen der Erwachsenenbildung artikuliert, miteinander verglichen, auf ihre „Tragfähigkeit" angesichts neuer Situationen überprüft und weiterentwickelt werden. Erwachsenenlernen ist dabei nicht nur Aneignung neuen Wissens, sondern auch die Vergewisserung, Überprüfung und Modifizierung vorhandener Deutungen. Aufgabe der Erwachsenenbildung ist es, die Reflexion von Deutungen und die Offenheit für ›Umdeutungen‹, d. h. für neue Sichtweisen, zu fördern.

Erwachsenenpädagogische Kompetenz muß sich angesichts der Konstruktivität der inhaltlichen Dimension des Erwachsenenlernens in verstärktem Maße auch durch eine prozessual-formale Kompetenz zum „Umgang mit Wirklichkeiten zweiter Ordnung" legitimieren.

Band 5: Lebendiges Lernen

Herausgegeben von Rolf Arnold

1996. IV, 281 Seiten. Kt. ISBN 3871167932. FPr. DM 36,—

Der Begriff des Lebendigen Lernens selbst ist bereits Programm. Mit ihm wird eine Lernpraxis bezeichnet, die sich von den toten und mechanistischen Formen einer frontalunterrichtlichen Wissens-Mast grundlegend unterscheidet. „Lebendiges Lernen" folgt den Entwicklungsgesetzen der Natur. Deren Grundthema ist es, durch Selbstorganisation und Aktivität ständig neue Stufen von Komplexität und Umweltanpassung aus sich heraus hervorzubringen, d. h. zu lernen. Für die Konzeption des Lebendigen Lernens ist es grundlegend, daß es den Beteiligten eine ähnliche Kreativität, ein ähnliches Aktivitäts- und Erkenntnisstreben zugesteht und nach den Voraussetzungen fragt, unter denen sich diese humane Tendenz verwirklichen kann. Die Konzeption des Lebendigen Lernens greift demnach zurück auf die ursprüngliche Lebendigkeit und Lernbegierigkeit, wie sie uns beim Säugling und bei kleinen Kindern immer wieder begegnet, und sie fragt nach den Bedingungen, die aus diesen lebendig lernenden Wesen passive, wissenskonsumierende und unselbständige Schüler hat werden lassen.

Band 6: Berufslaufbahn und biographische Lernstrategien

Eine Fallstudie über Pädagogen in der Privatwirtschaft

Herausgegeben von Dieter Nittel und Winfried Marotzki

1997. II, 216 Seiten. Kt. ISBN 3871168696. FPr. DM 32,–

Die vorliegende Fallstudie spricht mehrere Adressatengruppen an: Erziehungswissenschaftler, die sich für die Berufslaufbahn von Diplom-Pädagogen in der freien Wirtschaft interessieren, erhalten konkrete Einblicke in ein verschlungenes und keineswegs zielgerichtetes Karrieremuster. Das geflügelte Wort, es komme beim beruflichen Erfolg auf die „personale Kompetenz" an, muß unter dem Eindruck der Studie relativiert werden. Sie zeigt an, daß „personale Kompetenz" selbst ein sozial begründetes Konstrukt ist.

Biographieanalytisch interessierte Erziehungs- und Sozialwissenschaftler will die Studie ebenfalls erreichen. Die in der Fallstudie erstmals präsentierte Kategorie *biographische Lernstrategie* macht die komplexen Beziehungen zwischen den lebensgeschichtlich erworbenen Lernpraktiken und den späteren Lernerfahrungen im Beruf transparent.

Angesichts der vielen interessanten Befunde dieser Fallstudie kommen auch andere Leser auf ihre Kosten, z. B. Praktiker der Erwachsenenbildung, professionstheoretisch interessierte Leser sowie Vertreter der betrieblichen Weiterbildung.

Band 7: Ausgewählte Theorien zur beruflichen Bildung

Hrsg. von Rolf Arnold. 1997. IV, 148 Seiten. Kt. ISBN 3871168793. FPr. DM 24,–

In dem Reader „Ausgewählte Theorien zur beruflichen Bildung" werden einige der Theorieansätze vorgestellt, die Anregungen für eine zeitgemäße Konzeptualisierung moderner Berufsbildung geben. Dabei wird die Vielfalt der die aktuelle berufs- und wirtschaftspädagogische Debatte strukturierenden Ansätze, wie z. B. die Theorie „subjektorientierter Berufsbildung" (Brater u. a.), die Theorie der „Technikgestaltung" (Rauner) oder die Ansatzpunkte einer Evolutionären Berufspädagogik in den Blick genommen, die Aspekte für weitere Überlegungen und Diskussionen und für die Fundierung berufspädagogischen didaktischen Handelns in der Berufsbildung in sich tragen.

Band 8: Berufliche Weiterbildung

Grundlagen und Perspektiven im nationalen und internationalen Kontext

Von Dieter Münk und Antonius Lipsmeier. 1997. V, 196 Seiten. Kt.

ISBN 3871168920. FPr. DM 29,80

Angesichts der enormen Breite dieses Themas haben die Autoren bewußt vier Schwerpunkte gesetzt: In einer umfassenden Gesamtschau der politischen, institutionellen, sozialstrukturellen und ökonomischen Rahmenbedingungen zeichnen sie erstens die Einbettung der beruflichen Weiterbildung in das gesellschaftliche Gefüge der Bundesrepublik Deutschland nach. Sie stellen zweitens die vielfältigen Funktionen sowie die unterschiedlichen Organisationsformen der beruflichen Weiterbildung dar. Angesichts des für Individuen und Gesellschaft gravierenden Problems der Massenerwerbslosigkeit haben die Autoren drittens eine quantitative und qualitative Bestandsanalyse der Teilnehmerstruktur der beruflichen Weiterbildung in der Bundesrepublik Deutschland erstellt, welche insbesondere die Weiterbildungsmaßnahmen nach AFG berücksichtigt. Und weil die „berufliche Weiterbildung" im Zuge der Internationalisierung keinesfalls provinziell bleiben darf, haben die Autoren viertens die bundesdeutsche durch die europäische sowie die internationale Diskussion zur beruflichen Weiterbildung ergänzt. So entsteht eine umfassende Bestandsanalyse des Status Quo der beruflichen Weiterbildung in Theorie und Praxis, welche zugleich die Konturen der zukünftigen Herausforderungen sowie der denkbaren Entwicklungslinien der beruflichen Weiterbildung skizziert.